ACCESO GRATIS *a la Lectura en la Nube*

Para visualizar el libro electrónico en la nube de lectura envíe junto a su nombre y apellidos una fotografía del código de barras situado en la contraportada del libro y otra del ticket de compra a la dirección:

ebooktirant@tirant.com

En un máximo de 72 horas laborales le enviaremos el código de acceso con sus instrucciones.

CRISIS MATRIMONIALES INTERNACIONALES

CRISIS MATRIMONIALES INTERNACIONALES

Alfonso Ortega Giménez

tirant lo blanch
Valencia, 2025

En caso de erratas y actualizaciones, la Editorial Tirant lo Blanch publicará la pertinente corrección en la página web www.tirant.com.

Director de la colección
CUADERNOS DE TRANSFERENCIA DE CONOCIMIENTO
ALFONSO ORTEGA GIMÉNEZ
Profesor Titular de Derecho internacional privado
de la Universidad Miguel Hernández de Elche

EDITA: TIRANT LO BLANCH
C/ Artes Gráficas, 14 - 46010 - Valencia
TELFS.: 96/361 00 48 - 50
FAX: 96/369 41 51
Email: tlb@tirant.com
www.tirant.com
Librería virtual: www.tirant.es
DEPÓSITO LEGAL: V-3782-2025
ISBN: 979-13-7021-192-9
MAQUETA: Innovatext

Si tiene alguna queja o sugerencia, envíenos un mail a: *atencioncliente@tirant.com*. En caso de no ser atendida su sugerencia, por favor, lea en *www.tirant.net/index.php/empresa/politicas-de-empresa* nuestro procedimiento de quejas.

Responsabilidad Social Corporativa:
http://www.tirant.net/Docs/RSCTirant.pdf

Índice

Nota sobre el autor

ALFONSO ORTEGA GIMÉNEZ es **Doctor Honoris Causa** otorgado por la Universidad de San Lorenzo (UNISAL), 2024. **Doctor Honoris Causa** por la Universidad Autónoma San Sebastián de San Lorenzo-UASS, 2022; **Doctor Honoris Causa** por el Instituto Interamericano de Investigación y Docencia en Derechos Humanos, en la Universidad Juárez Autónoma de Tabasco (México), 2021; **Doctor en Derecho**, 2014 (Calificación: Sobresaliente *Cum Laude* por unanimidad); Premio extraordinario de Doctorado, 2018; Licenciado en Derecho, 2000; y, **Master en Comercio Internacional** por la Universidad de Alicante, 2001.

Profesor Titular de Derecho internacional privado en la Universidad Miguel Hernández de Elche. Director del Observatorio Provincial de la Inmigración de Alicante. Vicedecano de Grado en Derecho de la Facultad de Ciencias Sociales y Jurídicas de Elche. Director del Máster Universitario en Abogacía de la Universidad Miguel Hernández (UMH) de Elche, desde el curso académico 2021/2022. **Director de la Cátedra de Relaciones Privadas Internacionales UMH-ICAO de la Universidad Miguel Hernández de Elche**, desde marzo de 2022. También es **Magistrado Suplente de la Audiencia Provincial de Castellón** desde 2022; **Académico de Honor de la Academia Internacional de Ciencias, Tecnología, Educación y Humanidades**, desde 2018; **Vocal del Observatorio Valenciano de la Inmigración** (Resolución de 09 de abril de 2010, del Presidente del Observatorio Valenciano de la Inmigración, Conseller de Solidaritat y Ciudadania de la Generalitat Valenciana); **Docente homologado, con carácter definitivo, por ICEX España Exportación e Inversiones**, en Madrid (España), a fecha 29 de mayo de 2024; y, **Profesor en el Programa de Doctorado en Creación Artística de la Universidad Miguel Hernández de Elche**, impartido en la Facultad de Bellas Artes de Altea, desde el año 2024.

Es Consultor de Derecho internacional privado de la Universitat Oberta de Catalunya (UOC), desde el segundo semestre del curso académico 2008/2009, y **Consejero académico del despacho de Abogados ARA Y ASOCIADOS, con sede principal en Alicante y oficinas en Murcia, Madrid y Beijing (China) y de la Asesoría GRUPO ASESOR ROS, con sede en Elche.**

Tiene **reconocidos por la CNEAI tres Sexenios de Investigación correspondientes al tramo 2002-2007 (Fecha concesión: 23/10/19), al tramo 2009-2017 (Fecha concesión: 21/06/18)**, al **tramo 2018-2023 (Fecha concesión: 09/05/2024)** y al **tramo 2018-2023 (Fecha**

concesión: 9/05/24). Reconocido también, en su día, un Sexenio de Investigación correspondiente al tramo 2010-2016 por la AVAP (Fecha concesión: 18/01/18).

Miembro de la Asociación para la Docencia e Innovación en Derecho (Ludoteca Jurídica), desde julio de 2021. Miembro de la Asociación de Política Exterior Española. Miembro de la Asociación de Derecho del Arte (ADA). Miembro de Número del Capítulo Reino de España, otorgado por la Academia Norte-Americana de Literatura Moderna Internacional y por la Junta Directiva del Estado de New Jersey (EE.UU.). Miembro del ELI (*European Law Institute*). Miembro de la Red Española de Política Social-REPS. Miembro de la Sociedad Latinoamericana de Derecho Internacional-SLADI. Miembro de la Asociación Americana de Derecho Internacional Privado-ASADIP. Miembro de número de la Asociación Española de Profesores de Derecho Internacional y Relaciones Internacionales-AEPDIRI; Miembro de la Asociación Española para el Fomento de la Seguridad de la Información-ISMS Forum Spain; Ha sido Vicepresidente de la Asociación del Master en Comercio Internacional de la Universidad de Alicante-AMCI hasta julio 2018; Miembro de la Asociación Española para el Estudio del Derecho Europeo-AEDEUR; Miembro de la Asociación Castellano-Manchega de Sociología-ACMS. Miembro de la Asociación Española de Derecho del Entretenimiento- DENAE. Miembro del Instituto de Derecho Iberoamericano-IDIBE.

Ha recibido numerosos premios en docencia e investigación: Finalista en los Premios EDUCA ABANCA. Mejor Docente de España 2024 en la categoría de UNIVERSIDAD, en A Coruña, a 15 de diciembre de 2024; y, nominado a los Premios EDUCA ABANCA Mejor Docente de España 2024 en la categoría de UNIVERSIDAD tras haber sido propuesto/a por su alumnado y seleccionado/a por el Comité de Baremación del Certamen. El evento está organizado por la plataforma educativa EDUCA en colaboración con la fundación ABANCA Obra Social. El certamen ha recibido un total de 1908 propuestas de toda España. Los premios buscan reconocer la buena praxis docente en todas las etapas educativas de todos los centros públicos y privados que imparten titulaciones oficiales, en A Coruña, a 30 de septiembre de 2024. Visitante ilustre por su honorable visita de impacto previsto en la comunidad de la Universidad de San Lorenzo (UNISAL), en Paraguay, a 21 de junio de 2024. Mención de reconocimiento DOCENTE DESTACADO por su loable, abnegada e inspiradora trayectoria como docente en Educación Superior trascendiendo en su andar como ejemplo de calidad educativa, en la Universidad de San Lorenzo (UNISAL)- Paraguay, a 19 de junio de 2024. Premio UMH al Talento Docente para el año 2023, dentro de la rama académica de CIEN-

CIAS SOCIALES, JURIDICAS Y HUMANIDADES por Resolución Rectoral N. ° 03610/2023, de fecha 04 de diciembre de 2023, según las bases para la concesión de los Premios al Talento Docente en el marco del Programa Docentia-UMH, aprobadas por Consejo de Gobierno de la Universidad Miguel Hernández de Elche en sesión de 25 de enero de 2023, en Elche, a 4 de diciembre de 2023. Certificado de calidad docente EXCELENTE, valoración final obtenida en el proceso de evaluación de las actividades docentes desarrolladas en el periodo curso inicial 2018/2019 – curso final 2021/2022, realizado de acuerdo con los criterios y procedimientos establecidos en el PROGAMA DOCENTIA-UMH, evaluado positivamente por la ANECA, con fecha 27 de febrero de 2013, en la Universidad Miguel Hernández de Elche, a 30 de noviembre de 2023. Visitante Ilustre de la Universidad San Lorenzo (UNISAL), otorgado por el Consejo Académico mediante Resolución N. ° 110/2022-CSU, en Paraguay, a 5 de diciembre de 2022. Premio "INSTITUTO VASCO DE DERECHO PROCESAL" de Artículos Doctrinales sobre el fomento del estudio del Derecho Procesal, en su XII Edición por el trabajo inédito titulado "Resolución de problemas de competencia judicial internacional y de determinación de la ley aplicable en materia de derechos reales en España", en San Sebastián (País Vasco), 11 de octubre de 2022. Premio en la convocatoria de "Premios UMH al Talento Docente" para el año 2021, dentro de la rama académica de Ciencias Sociales, Jurídicas y Humanidades, por Resolución Rectoral n. º 04858/21, de fecha 23 de noviembre de 2021, en el marco del PROGRAMA DOCENTIA-UMH, aprobadas por el Consejo de Gobierno de la Universidad Miguel Hernández de Elche, en sesión de 14 de diciembre de 2020, en Elche, a 02 de diciembre de 2021. Ganador *ex-aequo* en la categoría "Aula responde" del XVIII del Certamen Innova-Emprende de la Universidad Miguel Hernández de Elche, en Elche, a 1 de julio de 2021. Premio en el I Certamen de Artículos Jurídicos Breves del Derecho del Entretenimiento y Tecnologías de la información, organizado por la Asociación Española de Derecho del Entretenimiento –DENAE-, por el artículo "Los "contratos inteligentes" (Smart Contracts) ni son "contratos" ni son "inteligentes", en Madrid, a 24 de junio de 2020. Premio "Instituto Vasco de Derecho Procesal" en su IX Edición, por el trabajo "La alegación y prueba del Derecho extranjero tras la nueva Ley de Cooperación Jurídica Internacional", en Donostia – San Sebastián, a 29 de noviembre de 2019. Cruz al Mérito, en virtud de su destacada y meritoria labor académica y científica profesional, acordado por la Junta de Gobierno de la Academia Internacional de Ciencias, Tecnología, Educación y Humanidades, en Valencia, a 9 de noviembre de 2019. Reconocimiento al Mérito Universitario, en virtud de su destacada y meritoria labor académica y científica profesional, acordado por la Junta de Gobierno de la Academia Internacional de Ciencias, Tecnología, Educación y Humanidades, en Valencia, a 9 de noviembre de 2019. Premio a la excelencia en la práctica jurídica de Economist & Jurist, en Madrid, 3 de diciembre de 2018. Premio UMH 2018 a la Productividad Investigadora, otorgado por el Vicerrector de Investigación e Innovación de la Universidad Miguel Hernández de Elche. Premio UMH 2017 a la Productividad Investigadora, otorgado por el Consejo de Gobierno de la Universidad Miguel Hernández de Elche. Premio "Investigación" en la modalidad de "Jóvenes Investigadores" 2017. Premio UMH al Talento Docente 2017. Premio "Investigación" en la modalidad de "Jóvenes Investigadores" 2016. Premio UMH 2016 a la Productividad Investigadora. Premio a la excelencia en la Práctica Jurídica de ISDE 2016. Premio Joven Investigador por el Consejo Social de la Universidad Miguel Hernández de Elche (XII edición). Premio al profesional de Comercio exterior del año 2016, otorgado por la Asociación Española de Profesionales de Comercio Exterior a las empresas (ACOCEX) y BANKIA. Premio "INSTITUTO VASCO DE DERECHO PROCESAL" en su V Edición (Premio de Artículos Doctrinales sobre el fomento del estudio del Derecho Procesal), en el año 2015. Premio UMH 2015 a la productividad investigadora. Premio UMH 2014 a la productividad investigadora. Premio Santander al mejor Ensayo Corto convocado por la Red Cátedra Santander de Responsabilidad Social Corporativa (Convocatoria 2015). Primer accésit de la XII edición del Premio de Ensayo Breve de la Asociación Castellano-Manchega de Sociología "Fermín Caballero"; V Premio Jurídico Internacional Instituto Superior de Derecho y Economía (ISDE); Accésit en la categoría de "Investigación" de la XVIII edición de los "Premios de Protección de Datos 2014" de la Agencia Española de Protección de Datos. Búho de oro al mejor profesor del Curso 2013/2014 de la Escuela Superior de Marketing (ESUMA). Premio UMH al Talento Docente, años 2014, 2017 y 2019.

Ponente habitual en numerosos cursos organizados en España y en el extranjero en materia de Derecho internacional privado, Derecho de la nacionalidad, Derecho de extranjería, Derecho del comercio internacional, Contratación internacional y Protección de datos de carácter personal, entre otros. Ha dirigido infinidad de TFG y TFM y cuatro Tesis doctorales.

Autor de diferentes artículos, notas, recensiones y comentarios relacionados con dichas materias publicados en Revistas científicas, técnicas y de divulgación, españolas y extranjeras; **ha participado, como autor, coautor, director y/o coordinador en casi 270 libros.**

Crisis matrimoniales internacionales

1. CRISIS MATRIMONIALES INTERNACIONALES: CUESTIONES DE DERECHO INTERNACIONAL PRIVADO DE LA UNIÓN EUROPEA

Normativa reguladora

Reglamento (UE) 2019/1111, de 25 de junio de 2019, sobre competencia, reconocimiento y ejecución de resoluciones en materia matrimonial y de responsabilidad parental, así como sobre sustracción internacional de menores (= Reglamento 2019/1111 o Reglamento "Bruselas II ter").

Reglamento (UE) N. º 1259/2010 del Consejo, de 20 de diciembre de 2010, por el que se establece una cooperación reforzada en el ámbito de la ley aplicable al divorcio y a la separación judicial (= Reglamento 1259/2010 o Reglamento "Roma III").

1.1. Planteamiento

La reglamentación de las "crisis matrimoniales internacionales" en Derecho internacional privado es “complicada” porque existen diferencias muy pronunciadas entre los distintos Derechos estatales a la hora de regularlas. Las respuestas de un sistema jurídico a las crisis matrimoniales reflejan las concepciones morales, jurídicas y éticas acerca del individuo y la familia, en un momento dado. Así, p. ej., en ciertos países, hasta hacia bien poco, el divorcio no se admitía (Malta); en algunos no existe la separación judicial pero sí el divorcio (Alemania, Suecia, Finlandia, Marruecos); en otros el divorcio es unilateral y sólo lo puede solicitar el esposo (ciertos países musulmanes, que admiten el repudio); en otros países el divorcio procede sólo por declaración judicial (España, Francia) mientras que en otros países cabe un divorcio ante autoridad administrativa, —alcaldes—, (Japón), autoridad religiosa, —rabinos—, (Israel), o fedatario público —notarios— (Cuba), o cabe un divorcio por mero acuerdo privado entre los cónyuges sin intervención de autoridad ninguna (Tailandia).

Así, el objetivo de este trabajo es reflexionar, desde una perspectiva práctica, y desde la óptica del Derecho internacional privado español, acerca de las “crisis matrimoniales internacionales”, con el fin de facilitar la comprensión, en estos casos, de la cada vez más compleja trama normativa del Derecho internacional privado español.

Hablar de las “crisis matrimoniales internacionales” es hablar, p. ej., de la “historia de amor” de José

Luis y Sarah: El 14 de febrero de 2020, José Luis, español, domiciliado en Alicante (España), contrae matrimonio en Rabat (Marruecos), según el rito musulmán, con Sarah, de nacionalidad marroquí. El matrimonio se establece en Túnez. Tiempo más tarde, y tras una serie de desavenencias, José Luis vuelve a Alicante (España), donde fija su residencia habitual. Si José Luis quisiera entablar una demanda de divorcio ante un Juzgado de los de Alicante (España), antes de llevarla a efecto, debería resolver dos interrogantes: ¿El Juzgado de Alicante tendría competencia para conocer de la demanda de divorcio? y ¿Cuál sería la ley aplicable al divorcio instado por José Luis?

Evidentemente, el carácter permanente de la inmigración en España plantea, cada vez con más frecuencia, desafíos jurídicos no solo en el ámbito del Derecho de la Nacionalidad y de la Extranjería, sino, cada vez con más frecuencia, en el del Derecho internacional privado: divorcios de extranjeros, guarda y custodia de menores, reclamaciones internacionales de alimentos, secuestro internacional de menores, etc. son situaciones a las que se enfrentan cotidianamente los abogados y asesores jurídicos que trabajan con extranjeros.

Jurisprudencia

1.º Aplicabilidad del Reglamento de la Unión Europea n.º 2201/2003 en los casos de nulidad matrimonial

STJUE 13 octubre 2016, asunto C-294/15 (Tol 5841316). La STJUE de 13 de octubre de 2016 (C-294/15) clarifica que el Reglamento 2201/2003 se aplica también cuando la demanda de nulidad matrimonial es presentada por un tercero y tras el fallecimiento de uno de los cónyuges. (STJUE, C-294/15)

En 2012, la Sra. M presentó ante un tribunal polaco una demanda de nulidad del matrimonio contraído en 1956 en París (Francia) entre el Sr. C (fallecido el 3 de marzo de 1971) y la Sra. MLC. En dicha demanda, la Sra. M señalaba que era la heredera testamentaria de la Sra. ZC, primera esposa del Sr. C, fallecida el 15 de junio de 1999. Según la Sra. M, el matrimonio entre el Sr. C y la Sra. ZC, celebrado el 13 de julio de 1937 en Poznań (Polonia), aún existía en el momento en que el Sr. C y la Sra. MLC contrajeron matrimonio, por lo que este último matrimonio constituía una relación bígama y, por ende, debía ser anulado. La Sra. MLC, por su parte, solicitó que se declarara la inadmisibilidad de la demanda de nulidad matrimonial debido a la falta de competencia de los órganos jurisdiccionales polacos. Según ella, la demanda debía haberse presentado ante un órgano jurisdiccional francés.

En el Derecho polaco, cualquier persona que tenga interés jurídico puede instar la nulidad de un matrimonio por la existencia de un matrimonio anterior de uno de los cónyuges.

El Reglamento de la Unión n. ° 2201/2003 se aplica con independencia de la naturaleza del órgano jurisdiccional, a las materias civiles relativas al divorcio, la separación judicial y la nulidad matrimonial. El Tribunal de Justicia observa que, en cuanto a la aplicabilidad del Reglamento, éste menciona la nulidad matrimonial entre las materias que entran en su ámbito de aplicación. Un procedimiento de nulidad matrimonial iniciado por un tercero con posterioridad al fallecimiento de uno de los cónyuges no figura entre las materias excluidas del ámbito de aplicación del Reglamento.

El Tribunal de Justicia concluye que, si un procedimiento de nulidad matrimonial iniciado por un tercero está comprendido en el ámbito de aplicación del Reglamento, dicho tercero ha de estar sometido a las normas de competencia definidas en interés de los cónyuges. Por consiguiente, a efectos del Reglamento, el concepto de "demandante" no incluye a personas distintas a los cónyuges, de modo que los terceros no pueden invocar los criterios de competencia establecidos.

2.º Reglamento de la Unión Europea n.º 1259/2010 y divorcio

STJUE 1 agosto 2016, asunto C-281/15.

El 27 de mayo de 1999, el Sr. Mamisch y la Sra. Sahyouni contrajeron matrimonio en la circunscripción del Tribunal Islámico de Homs (Siria). El Sr. Mamisch posee la nacionalidad siria, pero en 1977 adquiere la alemana a través de naturalización. La Sra. Sahyouni es siria y adquiere la nacionalidad alemana tras casarse. Ambos residieron en Alemania hasta en 2003, momento en el que vuelven a Homs. En 2011 inicia la guerra civil en Siria y vuelven a Alemania de forma intermitente, yendo y volviendo.

El 19 de mayo de 2013, el Sr. Mamisch manifestó su voluntad de divorciarse a través de un representante que pronunció la fórmula de divorcio ante el tribunal religioso de la sharía de Latakia (Siria). El 20 de mayo de 2013, dicho tribunal declaró el divorcio de los dos cónyuges. El 30 de octubre de 2013, el Sr. Mamisch solicitó el reconocimiento de la resolución de divorcio dictada en Siria. Mediante resolución de 5 de noviembre de 2013, el presidente del Oberlandesgericht München (Tribunal Superior Regional Civil y Penal de Múnich) estimó la solicitud.

El 18 de febrero de 2014, la Sra. Sahyouni solicitó que se anulara dicha resolución y que se declarara que no se cumplían los requisitos para el reconocimiento de la resolución de divorcio. El presidente del

Oberlandesgericht München (Tribunal Superior Regional Civil y Penal de Múnich) desestimó la solicitud de la Sra. Sahyouni.

En esta resolución, se subrayó que el reconocimiento de la resolución de divorcio se regía por el Reglamento n. ° 1259/2010, que se aplicaba igualmente a los divorcios privados. A falta de una elección válida de la ley aplicable y de una residencia habitual común de los cónyuges en el año anterior al divorcio, el Derecho aplicable debía determinarse conforme a lo dispuesto en el art. 8, letra c), de dicho Reglamento. Cuando ambos cónyuges tienen doble nacionalidad, el factor determinante es la nacionalidad efectiva en el sentido del Derecho nacional. En la fecha del divorcio en cuestión, ésta era la nacionalidad siria.

Tras plantearse cuestión prejudicial al TJUE, éste resuelve mediante auto motivado:

- El órgano remitente conoce de un reconocimiento de una resolución de divorcio dictada por un Estado Tercero, no de una demanda de divorcio.
- El Reglamento n. ° 1259/2010 solo determina las normas de conflicto de leyes aplicables en materia de divorcio y separación judicial en un Estado miembro.

- El Reglamento n. ° 2201/2003 establece las normas en materia de reconocimiento y ejecución de resoluciones en materia matrimonial, pero no es aplicable por las resoluciones dictadas en un Estado tercero.
- El TJUE es incompetente para responder a las cuestiones planteadas por el Tribunal superior Regional Civil y Penal de Múnich, y las disposiciones invocadas no son aplicables al litigio principal.

En el caso Sahyouni, aunque el TJUE se declaró incompetente, esta decisión ilustra los límites del Reglamento 1259/2010. (STJUE, C-281/15).

3.° Doble nacionalidad de los cónyuges que demandan el divorcio y Reglamento de la Unión Europa n.° 2201/2003.

STJUE 16 julio 2009, asunto C-5/08 (Tol 106085).

En Hadadi, el TJUE aclaró que cuando ambos cónyuges tienen la nacionalidad de más de un Estado miembro, el demandante puede elegir el foro competente entre esos Estados. (STJUE, C-168/08)

En 1979, el Sr. Hadadi y la Sra. Mesko, ambos de nacionalidad húngara, se casaron en Hungría. Emigraron a Francia en 1980, país en el que, según la resolución de remisión, siguen residiendo todavía. En 1985, adquirieron la nacionalidad francesa, de modo que cada uno de ellos tiene las dos nacionalidades, húngara y francesa.

Ya el 23 febrero de 2002, el Sr. Hadadi presenta una demanda de divorcio ante el Tribunal de Pest (Hungría), pero el 19 de febrero de 2003 la Sra. Mesko presenta demanda de divorcio por culpa en el Tribunal de Grande Instance de Meaux (Francia). Mientras tanto, el 1 de mayo de 2004 Hungría se adhirió a la Unión Europea. Justo el 4 de mayo de 2003 el Tribunal de Pest acuerda el divorcio mediante sentencia, que devino firme.

Por otro lado, en Francia, el 8 de noviembre de 2005, el Juez del Tribunal de Meaux declara inadmisibilidad de la acción de divorcio por parte de la Sra. Mesko. Sin embargo, ésta inter- pone recurso de apelación ante la Cour d'appel de París, que admite finalmente la acción de divorcio ejercida por la Sra. Mesko. Ante esto, el Sr. Hadadi interpone recurso de casación en dicha jurisdicción alegando que el Tribunal francés ha excluido la competencia del tribunal húngaro, y para ello se basa en el Reglamento n.° 2201/2003 (art. 3, apartado 1 letra a). Ante esto, el Tribunal Supremo francés suspende el procedimiento y plantea las cuestiones prejudiciales pertinentes al TJUE.

El TJUE se pronunció en 2 sentidos:

- Cuando el Tribunal del Estado Miembro requerido deba verificar si el Tribunal del Estado miembro de origen de una resolución judicial ha sido competente conforme el art. 3 apartado 1 letra b) del Reglamento n.º 2201/2003, esta norma se opone a que el Tribunal del Estado miembro requerido considere que son nacionales unos cónyuges con nacionalidad francesa y húngara, en este caso. El Tribunal francés debía tener en cuenta este hecho y que los Tribunales del Estado Miembro de origen podían ser competentes para conocer el litigio.

– Cuando cada cónyuge posea la nacionalidad de los 2 mismos Estados Miembros, el mismo artículo se opone a que se excluya la competencia de los Tribunales de uno de los 2 por el mero hecho de que el demandante carezca de otros puntos de conexión con dicho Estado. Por tanto, los tribunales de los Estados miembros que correspondan a la nacionalidad de los cónyuges son competentes, pudiendo éstos elegir libremente.

4.º ***Competencia judicial en los casos de divorcio, cuando el demandado, ni tiene su residencia habitual en un Estado miembro, ni es nacional de un Estado miembro.***

STJUE 29 noviembre 2007, asunto C-68/07 (Tol 1224016).

La Sra. López tiene la nacionalidad sueca y está casada con Sr. López, que tiene la nacionalidad cubana.

Durante el matrimonio residen en Francia, pero luego la Sra. vive en Francia y el Sr. Vive en cuba.

La Sra. López presenta demanda de divorcio ante el Tribunal de Primera Instancia de Esto- colmo. La demanda es desestimada por ser los tribunales franceses los competentes según el Reglamento n.º 2201/2003 de acuerdo al art. 3 de dicha norma. La Sra. López interpone recurso de apelación y es desestimado, así que recurre en casación alegando que:

El art. 6 del Reglamento n.º 2201/2003 establece el carácter exclusivo de la competencia de los órganos jurisdiccionales de los Estados Miembros conforme a los arts. 3 a 5 de este texto legal, cuando el demandado tiene su residencia habitual en un Estado miembro o cuando tiene la nacionalidad de un Estado miembro (no se cumplían ninguno de los 2 supuestos).

Como el Tribunal Supremo sueco no había interpretado anteriormente el art. 7 del Reglamento, decide suspender y plantear cuestión prejudicial al TJUE. El Tribunal de Justicia de la Unión Europea declara que los arts. 6 y 7 del Reglamento n.º 2201/2003 del Consejo, deben interpretarse, dentro de un procedimiento de divorcio, cuando el demandado no tiene su residencia habitual en un Estado miembro y no es nacional de un Estado miembro, los órganos jurisdiccionales de un Estado miembro no pueden fundar su competencia en su derecho nacional para resolver la demanda, si los órganos de otro Estado miembro son competentes de acuerdo al art. 3 del Reglamento.

5.º Nulidad por simulación de matrimonio marroquí.

SAP 20 junio 2006 (Tol 1037886).

Es un caso de nulidad de un matrimonio marroquí, en el que, de entrada, la Audiencia determina que la ley aplicable es la determinada por la nacionalidad de los cónyuges. En este caso, ambos tenían nacionalidad marroquí, por lo que se debe aplicar el Código de Familia marroquí del 5 de febrero de 2004.

Dicho código determina que el matrimonio es nulo si no se da uno de los elementos funda- mentales del art. 10. Éste expresa "El matrimonio es contraído válidamente por el consentimiento de los contrayentes, expresado en términos consagrados o mediante toda expresión admitida por el uso". Lo que se discutía en el caso era si faltaba el consentimiento matrimonial o no. La parte demandante alega que fue un montaje para legalizar la situación de la esposa en España, que primero contrajeron matrimonio en el consulado marroquí en noviembre de 2003 y después en diciembre del mismo año en el Registro Civil de Arenys de Mar.

La demandada residía en Sevilla y 15 días después de la boda celebrada en el Registro, se fue del domicilio conyugal sin que hayan vuelto a tener relación. A la demandada se le asignó abogada de oficio y la letrada no pudo ponerse en contacto con ella, pero igualmente contestó a la demanda oponiéndose a ella. La demandada no compareció el día de la vista, a pesar de haber sido citada correctamente. El hecho de no declarar supuso para el Tribunal que se probaran los hechos de que ambos contrajeron matrimonio con una finalidad distinta, además de que no ha habido convivencia conyugal.

Finalmente, el Código de familia marroquí recoge los derechos y deberes de los cónyuges y se contempla la convivencia mutua, fundada en buenas relaciones conyugales, entre otros. La simulación o ausencia de consentimiento matrimonial por parte de ambos, constituye la manifestación de una voluntad irreal y emitida de forma consciente para obtener la apariencia de un contrato con finalidad distinta de la prevista en la Ley, por tanto, con finalidad de engaño o de conseguir un resultado ajeno a la naturaleza del contrato. El Tribunal declaró la nulidad de este matrimonio de conveniencia.

6.º Extinción de pensión alimenticia de hija mayor de edad.

SAP 29 septiembre 2006 (Tol 1626028).

El Tribunal subraya que el foro del art. 3.b del Reglamento 4/2009 protege al acreedor al permitirle demandar en el Estado de su residencia habitual. (STJUE, C-400/13 y C-408/13).

Este caso versa sobre un procedimiento de modificación de medidas definitivas, en el que el padre solicita la extinción de la pensión alimenticia cuando la hija beneficiaria alcance los 25 años de edad y la no contribución a los gastos de residencia. La sentencia de Primera Instancia eximía al padre de pagar el primer concepto, pero no el segundo, no fijando el límite temporal de la obligación alimenticia del padre.

El fundamento del padre era que su hija de 25 años no está actuando diligentemente con sus estudios, pues con 24 años debería estar en 5.º de carrera y todavía le quedan asignaturas de 2.º, considerando el padre que no está estudiando lo que debe y, encima, reside fuera de la casa familiar sin querer convivir con él. La madre alega que ha cambiado de carrera y que espera que termine los estudios sin mucho retraso, por lo que considera que no puede atender en solitario a los gastos de los estudios de la hija.

Ambos progenitores reconocen los malos resultados académicos, pero el padre presenta la demanda cuando la hija tiene 23 años y el fondo de sus argumentos parecen atender más a una sanción o advertencia a la hija que a acreditar una insuficiencia de medios económicos para mantener la pensión. La Audiencia, por tanto, desestima la modificación de medidas pretendida porque la madre no podría afrontar las necesidades de la hija en solitario hasta que ésta adquiera independencia económica.

7.º Demanda de divorcio y prueba de Derecho extranjero.

SAP 1 septiembre 2006 (Tol 6318333).

Se formula acción de divorcio por parte de la esposa, pero la sentencia de Primera Instancia desestima la demanda y la archiva por falta de prueba de derecho extranjero. La demandante es marroquí residente en España desde hace años y su esposo también, teniendo el domicilio conyugal en Talavera de la Reina. El esposo se opone al divorcio por una cuestión procesal previa de aplicación del derecho marroquí.

La sentencia de instancia tuvo en cuenta el art. 107 CC, ya que ambos litigantes son marroquíes y se casaron conforme a la legislación del islam, no habiéndose acreditado el derecho marroquí. En el proceso se propusieron pruebas y la demandante alegó y aportó documentación sobre la existencia de 4 hijos menores de edad, solicitando medidas provisionales para los alimentos de los hijos comunes. La mujer estaba interesada en un divorcio exprés, probando actos de violencia doméstica y conyugal a través de una denuncia interpuesta en su momento junto con medidas cautelares judiciales adoptadas.

En su caso, la mujer se acoge al derecho español, cuya aplicación procede por la residencia común del matrimonio. Por el contrario, el demandado invoca el derecho marroquí por ser la nacionalidad común. Sin embargo, el demandado debe alegar, probar y acreditar el derecho vigente extranjero, como su alcance y autorizada interpretación a través de la documentación fehaciente no siendo suficiente la citación de artículos, sino por medio de un dictamen de dos jurisconsultos.

Así que, a falta de ley nacional común, el art. 107 CC establece que el derecho aplicable será el de la residencia habitual común, por lo que procede el derecho español. Con todo esto, los cónyuges no viven juntos desde hace meses y la oposición que manifiesta el demandado se centra más en las medidas a adoptar por el Juez, que con la petición de fondo.

Por tanto, se revoca la resolución recurrida por no entenderse los fundamentos de derecho y fallo ajustados a derecho, estimándose y declarándose la disolución por divorcio del matrimonio formado por las partes.

8.º Jurisdicción de los Tribunales españoles en caso de separación matrimonial.

SAP Murcia 8 noviembre 1999 (ECLI: ES: APMU: 1999:2991).

Se interpone procedimiento de separación matrimonial entre D. Francisco y Dña. Luz con adopción de medidas paternofiliales y económico-patrimoniales, dictándose sentencia en Primera Instancia. Dña. Luz comparece solicitando la revocación de la sentencia alegando falta de jurisdicción de los órganos jurisdiccionales españoles y existencia de litispendencia.

La Sala estima la falta de jurisdicción de acuerdo al art. 22-2 de la Ley Orgánica del Poder Judicial, que establece un principio general de atribución de jurisdicción basado en la sumisión expresa o tácita a los Tribunales españoles o cuando el demandante tenga su domicilio en España. La residencia habitual de ambos en España no es aplicable porque queda documentado que realmente residen en Lausanne (Suiza). Además, esta alegación resulta reforzada porque existen unas medidas provisionales adoptadas por el Tribunal del Distrito de Lausanne.

Aunque uno de los cónyuges sea español y tenga su residencia habitual en España, no se encuentra domiciliado en España. Tampoco se aplica el 3.° fuero especial, ya que ambos tienen la nacionalidad española, pero la petición de separación matrimonial no es de mutuo acuerdo.

Finalmente, la Sala falla estimando el recurso de apelación y declarando la falta de jurisdicción de los órganos jurisdiccionales españoles para conocer este proceso.

1.2. Competencia judicial internacional y "crisis matrimoniales internacionales"

La regulación de la competencia judicial internacional en materia de divorcio, nulidad matrimonial y separación judicial se contiene en dos instrumentos: a) el Reglamento (UE) 2019/1111, de 25 de junio de 2019, sobre competencia, reconocimiento y ejecución de resoluciones en materia matrimonial y de responsabilidad parental, así como sobre sustracción internacional de menores; y b) el artículo 22 quáter c) de la LOPJ 2015.

El Reglamento 2019/1111 establece normas uniformes de competencia en relación con el divorcio, la separación legal y la nulidad matrimonial dentro del ámbito de la Unión Europea. Su objetivo principal radica en brindar claridad y coherencia en lo que respecta a la competencia judicial, así como en facilitar el reconocimiento y la ejecución de resoluciones judiciales en estos ámbitos sensibles y complejos. Este marco normativo busca garantizar una aplicación uniforme y efectiva de las disposiciones legales en casos transfronterizos, fortaleciendo así la seguridad jurídica y protegiendo los derechos de las partes involucradas en situaciones matrimoniales con elementos internacionales.

Cuestiones relevantes

REGLAMENTO (UE) 2019/1111 DEL CONSEJO DE 25 DE JUNIO DE 2019 REGULA LOS ASUNTOS RELATIVOS A LA COMPETENCIA, EL RECONOCIMIENTO Y LA EJECUCIÓN DE RESOLUCIONES EN MATERIA MATRIMONIAL Y DE RESPONSABILIDAD PARENTAL, Y SOBRE LA SUSTRACCIÓN INTERNACIONAL DE MENORES.

El 2 de julio de 2019 fue publicado en el Diario Oficial de la Unión Europea el nuevo Reglamento (UE) 2019/1111, de 25 de junio de 2019, sobre competencia, reconocimiento y ejecución de resoluciones en materia matrimonial y de responsabilidad parental, así como sobre sustracción internacional de menores (= Reglamento "Bruselas II ter").

El Reglamento (UE) 2019/1111, de 25 de junio de 2019, entrará en vigor el 22 de julio de 2019, a los veinte días de su publicación en el Diario Oficial de la Unión Europea, y se aplicará a partir del 1 de agosto de 2022, a excepción de los artículos 92, 93 y 103 –modificación de los anexos, ejercicio de la delegación e información que debe comunicarse a la Comisión–, que serán de aplicación a partir del 22 de julio de 2019.

El Reglamento solo es aplicable a los procedimientos incoados, a los documentos públicos formalizados o registrados y a los acuerdos registrados el 1 de agosto de 2022 o después de esa fecha. Por otra parte, el Reglamento (CE) 2201/2003, que se deroga, seguirá aplicándose a las resoluciones dictadas en procedimientos ya incoados, a los documentos públicos formalizados o registrados y a los acuerdos que hayan adquirido fuerza ejecutiva en el Estado miembro en el que hayan sido celebrados antes del 1 de agosto de 2022 y que entren dentro del ámbito de aplicación de dicho Reglamento.

El nuevo texto comunitario se aplica desde el 22 de agosto de 2022. El texto incluye además normas aplicables a los casos de traslado o retención ilícitos de un menor que afecten a más de un Estado miembro, completando el Convenio de La Haya de 1980.

No será, sin embargo, de aplicación el Reglamento a la determinación y a la impugnación de la filiación; a las resoluciones sobre adopción y medidas que la preparan, ni a la anulación y revocación de la adopción; al nombre y apellidos del menor; a la emancipación; a las obligaciones de alimentos; a los fideicomisos y las sucesiones, ni a las medidas adoptadas a consecuencia de infracciones del Derecho penal cometidas por los menores.

Ámbito de aplicación de la norma

El Reglamento (UE) 2019/1111 de 25 de junio de 2019, se aplica a las materias civiles relativas al divorcio, la separación legal y la nulidad matrimonial. También a las relativas a la atribución, el ejercicio, la delegación, la restricción o la finalización de la responsabilidad parental. Estas últimas podrán incluir, en particular, el derecho de custodia y el derecho de visita; la tutela, la curatela y otras instituciones análogas; la designación y las funciones de toda persona u organismo encargado de ocuparse de la persona o de los bienes de un menor, de representarlo o de prestarle asistencia; el acogimiento de un menor en un establecimiento o un hogar de acogida, y las medidas de protección del menor ligadas a la administración, conservación o disposición de los bienes de un menor.

El texto incluye además normas aplicables a los casos de traslado o retención ilícitos de un menor que afecten a más de un Estado miembro, completando el Convenio de La Haya de 1980. No será, sin embargo, de aplicación el Reglamento a la determinación y a la impugnación de la filiación; a las resoluciones sobre adopción y medidas que la preparan, ni a la anulación y revocación de la adopción; al nombre y apellidos del menor; a la emancipación; a las obligaciones de alimentos; a los fideicomisos y las sucesiones, ni a las medidas adoptadas a consecuencia de infracciones del Derecho penal cometidas por los menores.

Competencia judicial internacional en materia matrimonial y de responsabilidad parental

En primer lugar la norma atribuye la competencia general en asuntos relativos al divorcio, la separación legal y la nulidad matrimonial, a los órganos jurisdiccionales del Estado miembro en cuyo territorio se encuentre la residencia habitual de los cónyuges; el último lugar de residencia habitual de los cónyuges, siempre que uno de ellos aún resida allí; la residencia habitual del demandado; en caso de demanda conjunta, la residencia habitual de uno de los cónyuges; la residencia habitual del demandante si ha residido allí durante al menos un año inmediatamente antes de la presentación de la demanda, o la residencia habitual del demandante en caso de que haya residido allí al menos los seis meses inmediatamente anteriores a la presentación de la demanda y de que sea nacional del Estado miembro en cuestión; o bien a los órganos jurisdiccionales del Estado miembro de la nacionalidad de ambos cónyuges.

Asimismo, el órgano jurisdiccional del Estado miembro que hubiere dictado una resolución acordando una separación legal será competente para convertir dicha separación legal en divorcio, si la ley nacional lo prevé.

Por lo que respecta a la responsabilidad parental, los órganos jurisdiccionales de un Estado miembro serán competentes respecto de un menor que resida habitualmente en dicho Estado miembro en el momento en que se acuda al órgano jurisdiccional, salvo lo dispuesto en el Reglamente en relación con los derechos de visita, en caso de traslado o retención ilícitos de un menor o los supuestos de elección del órgano jurisdiccional.

El texto también se refiere a los casos en que no pueda determinarse la residencia habitual del menor, siendo competentes los órganos jurisdiccionales del Estado miembro en el que esté presente, a la remisión de competencia a un órgano jurisdiccional de otro Estado miembro y a la transferencia de competencia solicitada por un órgano jurisdiccional de un Estado miembro que no tenga competencia.

Sustracción internacional de menores

La norma incluye disposiciones que serán de aplicación y complementarán el Convenio de La Haya de 1980 cuando una persona, institución u organismo que invoque una violación del derecho de custodia solicite al órgano jurisdiccional de un Estado miembro que dicte una resolución por la cual se ordene la restitución de un menor de dieciséis años que haya sido trasladado o retenido de forma ilícita en un Estado miembro distinto del Estado miembro en el que el menor tenía su residencia habitual inmediatamente antes de su traslado o retención ilícitos. Asimismo, se ocupa de la recepción y tramitación de estas solicitudes, de las formas alternativas de resolución de litigios en cualquier fase del procedimiento y del derecho del menor a expresar su opinión en estos procesos de restitución.

Además, regula el procedimiento de restitución de un menor y la ejecución de las resoluciones que ordenan su restitución, así como el procedimiento siguiente a la denegación de restitución del menor.

Reconocimiento y ejecución de resoluciones

El nuevo Reglamento establece que las resoluciones dictadas en un Estado miembro han de ser reconocidas en los demás Estados miembros sin necesidad de recurrir a procedimiento especial alguno. Asimismo, determina los documentos que deben presentarse para dicho reconocimiento: copia de la resolución que reúna las condiciones necesarias para establecer su autenticidad y el certificado apropiado, y prevé los supuestos de suspensión del procedimiento.

Por otra parte, el texto aborda cuestiones tales como la ejecución de dichas resoluciones, la expedición de certificados y los motivos de denegación del reconocimiento de las resoluciones en materia matrimonial y de responsabilidad parental, así como los de denegación de la ejecución de las resoluciones en materia de responsabilidad parental.

En este mismo contexto, la norma incorpora la normativa aplicable al reconocimiento y ejecución de determinadas resoluciones privilegiadas, tales como las que concedan derechos de visita y las dictadas con arreglo al artículo 29, apartado 6, en la medida en que impliquen la restitución del menor. Incluye la regulación del certificado para estas resoluciones, de la denegación de su reconocimiento y ejecución.

Asimismo, el texto recoge una serie de disposiciones comunes aplicables al procedimiento de ejecución de resoluciones dictadas en otro Estado miembro, a la suspensión del mismo o a la denegación de la ejecución. Y regula el reconocimiento y ejecución de los documentos públicos y de los acuerdos que hayan sido formalizados o registrados en materia de divorcio, separación legal y responsabilidad parental.

Cooperación en materia de responsabilidad parental

Dispone el Reglamento que cada Estado miembro debe designar una o varias autoridades centrales encargadas de asistirlo en la aplicación de la nueva norma con respecto a las cuestiones de responsabilidad parental y precisará sus competencias territoriales o materiales. Dichas autoridades centrales proporcionarán información sobre la normativa, procedimientos y servicios nacionales disponibles en esta materia, adoptarán las medidas que consideren apropiadas para mejorar la aplicación del presente Reglamento y cooperarán y promoverán la cooperación entre las autoridades competentes de sus respectivos Estados miembros con el fin de cumplir sus objetivos.

La norma detalla las medidas que han de adoptar y se refiere a la cooperación en la recogida e intercambio de información pertinente en procedimientos en materia de responsabilidad parental.

Además, un órgano jurisdiccional de un Estado miembro podrá pedir a los órganos jurisdiccionales o a las autoridades competentes de otro Estado miembro que le asistan en la aplicación de las resoluciones en materia de responsabilidad parental, en particular para garantizar el ejercicio efectivo de los derechos de visita.

El texto también contempla el procedimiento de acogimiento de un menor en otro Estado miembro.

La norma incluye una serie de disposiciones aplicables al tratamiento de todas las peticiones y solicitudes que contempla, relativas a la cooperación y comunicación entre órganos jurisdiccionales, a la obtención y transmisión de información, a las notificaciones o no divulgación de información, formalidades o lenguas.

Por último, el texto prevé la posibilidad de que la Comisión adopte actos delegados relativos a la modificación de los anexos I a IX con objeto de actualizarlos o introducir en ellos modificaciones técnicas.

Foros de competencia judicial internacional en el Reglamento "Bruselas II ter"

El artículo 3 del Reglamento 2019/1111 establece siete foros de competencia judicial internacional. Dichos foros presentan carácter alternativo. No están jerarquizados. Basta que concurra cualquiera de ellos para que las autoridades de un Estado miembro puedan declararse competentes. Esta diversidad de foros alternativos sitúa al demandante en una posición "privilegiada" frente al demandado y fomenta el "fórum shopping". Tal vez, hubiese sido deseable, para evitar estas consecuencias adversas, que el legislador europeo se hubiese decantado por introducir la autonomía de la voluntad como foro de competencia judicial internacional.

Los foros establecidos en el artículo 3 del Reglamento "Bruselas II ter" giran en torno a dos criterios atributivos de competencia: la residencia habitual en un Estado miembro y la nacionalidad de un Estado miembro.

En atención al primero, se atribuye competencia judicial internacional en materia de nulidad, separación y divorcio a los órganos jurisdiccionales del Estado miembro en cuyo territorio se encuentre:

1) La residencia habitual de los cónyuges en el momento de presentación de la demanda;
2) El último lugar de residencia habitual de los cónyuges, siempre que uno de ellos, aún resida allí;
3) La residencia habitual del demandado;
4) En caso de demanda conjunta, la residencia habitual de uno de los cónyuges;

5) La residencia habitual del demandante si ha residido allí durante al menos un año inmediatamente antes de la presentación de la demanda;
6) La residencia habitual del demandante en caso de que haya residido allí al menos los seis meses inmediatamente anteriores a la presentación de la demanda de que sea nacional del Estado miembro en cuestión.
7) También se atribuye competencia a los órganos jurisdiccionales del Estado de la nacionalidad de ambos cónyuges

Foros complementarios en el Reglamento "Bruselas II ter"

Los artículos 4 y 5 del Reglamento 2019/1111 contienen foros de competencia judicial internacional para dos supuestos concretos:

a) **Demanda reconvencional:** El artículo 4 del Reglamento "Bruselas II ter" permite que el órgano jurisdiccional que resulte competente conforme a uno de los foros del artículo 3 del Reglamento 2019/1111 para conocer de la demanda inicial, pueda extender su competencia para conocer de una demanda reconvencional, siempre ésta trate sobre una materia comprendía en el ámbito de aplicación del Reglamento "Bruselas II ter" (nulidad, separación o divorcio).

b) **Conversión de la separación judicial en divorcio:** el artículo 5 del Reglamento "Bruselas II ter" contempla la posibilidad de presentar la demanda de divorcio tras haber obtenido previamente la separación legal, bien ante los órganos jurisdiccionales del Estado miembro que resulte competente en virtud de los foros recogidos en el artículo 3 del Reglamento "Bruselas II ter", bien ante los órganos jurisdiccionales del Estado miembro que dictó la resolución acordando la separación legal, siempre y cuando dicha conversión esté permitida por la Ley de dicho Estado.

Cuestiones relevantes
ARTÍCULO 22 QUÁTER C) DE LA LOPJ 2015

El artículo 22 quáter c) de la LOPJ 2015 atribuye competencia judicial internacional a los tribunales españoles en materia de nulidad, separación y divorcio en los siguientes supuestos:

1.° Cuando ambos cónyuges posean residencia habitual en España al tiempo de interposición de la demanda.

2.° Cuando ambos cónyuges hayan tenido en España su última residencia habitual y uno de ellos resida allí.

3.° Cuando España sea la residencia habitual del demandado.

4.º En caso de demanda de mutuo acuerdo, cuando en España resida uno de los cónyuges.

5.º Cuando el demandante lleve al menos un año de residencia habitual en España desde la interposición de la demanda.

6.º Cuando el demandante sea español y tenga su residencia habitual en España al menos seis m eses antes de la interposición de la demanda.

7.º Cuando ambos cónyuges tengan nacionalidad española.

Profundizando en la aplicación de estos foros, resulta crucial el análisis pormenorizado del concepto de **"residencia habitual"** establecido en el artículo 3 del Reglamento "Bruselas II ter" dado que constituye uno de los pilares fundamentales para la determinación de la competencia judicial internacional en litigios matrimoniales[1]. Este término, aunque no definido explícitamente en el Reglamento, ha sido objeto de una profusa interpretación por parte del TJUE, que ha enfatizado la necesidad de una valoración fáctica individualizada, considerando tanto elementos

1 *Vid.* González, J. C., & Ruiz, E. C., "Divorcio internacional y residencia habitual de los cónyuges. El artículo 3 del Reglamento Bruselas II-ter", en *Cuadernos de derecho transnacional,* 2024, 16(2), pp. 257-273.

objetivos –como la duración y regularidad de la presencia física en un Estado miembro– como subjetivos –la intención de establecer allí el centro permanente o habitual de los intereses vitales–.

En este sentido, la jurisprudencia ha abordado situaciones de particular complejidad, tales como la de los trabajadores transfronterizos, cuyas vidas pueden desenvolverse entre dos o más Estados, o aquellos casos en los que se producen cambios recientes de residencia antes de la interposición de la demanda, exigiendo un examen minucioso para discernir dónde se localiza efectivamente ese centro de vida[2].

La correcta determinación de la residencia habitual es, por tanto, un ejercicio casuístico que demanda una apreciación global de todas las circunstancias pertinentes, tal como se ha ido perfilando a través de diversas sentencias del TJUE, buscando siempre una conexión real y efectiva del litigio con el foro competente.

En esta línea interpretativa, los estudios doctrinales recientes han subrayado cómo la aplicación del artículo 3 del Reglamento "Bruselas II ter" prevalece sobre las disposiciones de la LOPJ española en todos

---

2 *Vid.* Ballesteros, M. H., "Ámbito y condiciones de aplicación en la práctica del foro de competencia judicial internacional contenido en el artículo 10 del Reglamento 2201/2003", en *Cuadernos de derecho transnacional*, 2024, 16(2), pp. 932-948.

los supuestos donde los cónyuges tienen su residencia habitual común en España, con independencia de su nacionalidad, consolidando un criterio de primacía del derecho europeo en esta materia[3]. Dicha preeminencia asegura una uniformidad en la determinación competencial a lo largo de la Unión. Un aspecto igualmente relevante dentro de los foros de competencia del artículo 3.1.b) del Reglamento "Bruselas II ter" es el criterio de la **"nacionalidad de ambos cónyuges"**, que adquiere especial significación en supuestos de doble nacionalidad, particularmente cuando una de ellas corresponde a un Estado miembro y la otra a un tercer Estado.

En tales escenarios, la jurisprudencia comunitaria, como la desarrollada en la sentencia Hadadi (STJUE 16 julio 2009, C-168/08), ya citada en el contexto del Reglamento "Bruselas II bis" pero cuya lógica es extensible, ha tendido a favorecer la efectividad de la nacionalidad del Estado miembro si esta presenta una conexión genuina con el cónyuge, aunque sin establecer reglas automáticas y remitiendo nuevamente a una valoración caso por caso para determinar la "nacionalidad efectiva" relevante a efectos competencia-

---

3 *Vid.* González, J. C., & Ruiz, E. C., "Divorcio internacional y residencia habitual de los cónyuges. El artículo 3 del Reglamento Bruselas II-ter", en *Cuadernos de derecho transnacional*, 2024, 16(2), pp. 257-273.

les. Esta aproximación busca evitar que la mera posesión formal de una nacionalidad, sin un vínculo real, distorsione la atribución de competencia.

Adicionalmente, el Reglamento "Bruselas II ter" contempla mecanismos para la gestión de procedimientos paralelos y conexos, entre los que destaca la regulación de la **litispendencia internacional** contenida en su artículo 19. Este precepto establece un sistema jerarquizado que obliga al tribunal ante el que se haya presentado la segunda demanda a suspender de oficio el procedimiento hasta que se establezca la competencia del tribunal primeramente requerido, siempre que se trate del mismo objeto y la misma causa entre las mismas partes.

El funcionamiento de este mecanismo exige una cuidadosa verificación de la triple identidad –partes, objeto y causa– y del momento exacto de la interposición de las respectivas demandas, lo cual puede presentar dificultades probatorias en contextos transfronterizos. Las consecuencias de una correcta o incorrecta aplicación de las normas de litispendencia son cruciales, pudiendo derivar en la continuación de un procedimiento ante un foro indebido o, por el contrario, en la paralización de un litigio que podría tener una resolución más ágil ante el segundo tribunal si la competencia del primero fuera dudosa o inexistente. Para el profesional del derecho, esto implica la necesidad de una estrategia procesal que anticipe posibles conflictos de litispendencia, asesorando sobre la conveniencia de actuar con celeridad o, en su caso, sobre los argumentos para invocar la suspensión del procedimiento.

Es fundamental considerar que la primera propuesta legislativa europea para concretar los criterios de residencia habitual en menores, aunque en el contexto del Reglamento de filiación, ya introduce elementos como "presencia física" y "relaciones personales" que, por analogía, son de utilidad interpretativa para los foros del artículo 3 del Reglamento "Bruselas II ter" y, por ende, para la correcta aplicación de la litispendencia[4].

Finalmente, el Reglamento "Bruselas II ter" también regula foros específicos para situaciones particulares, como la **demanda reconvencional** (artículo 4) y la **conversión de la separación judicial en divorcio** (artículo 5). El artículo 4 permite que el órgano jurisdiccional que conozca de la demanda principal extienda su competencia a una demanda reconvencional, siempre que esta última entre en el ámbito de aplicación del Reglamento. Un ejemplo práctico sería aquel en el que, interpuesta una demanda de divorcio, el cónyuge demandado formula reconvención solicitando la nulidad del matrimonio. Por su parte, el artículo

---

4 *Vid.* Pérez Martín, L. A., "Y el Reglamento de filiación lo hizo: primera propuesta legislativa europea de concreción de los criterios de la residencia habitual en menores", en *Cuadernos de Derecho Transnacional*, 2024, 16(2), pp. 1241-1253.

5 facilita que el órgano jurisdiccional de un Estado miembro que haya dictado una resolución de separación judicial sea también competente para convertir dicha separación en divorcio, si la ley de ese Estado miembro así lo permite, ofreciendo una solución de continuidad procesal. La aplicabilidad de estos foros complementarios está supeditada al cumplimiento de los requisitos específicos de cada artículo y busca optimizar la administración de justicia, concentrando ante un mismo tribunal cuestiones íntimamente ligadas. La comprensión de la evolución normativa, incluyendo los antecedentes como el artículo 10 del Reglamento "Bruselas II bis" referente a la competencia en materia de responsabilidad parental en determinados supuestos de traslado o retención ilícita de menores, ayuda a contextualizar el diseño actual del RB II ter, aunque la competencia matrimonial siga sus propias reglas específicas, pues dicho artículo 10 del anterior reglamento, aunque influyente en la concepción general de la residencia habitual del menor, se centraba en la responsabilidad parental y no directamente en los foros matrimoniales aquí discutidos[5].

---

5 *Vid.* Ballesteros, M. H., "Ámbito y condiciones de aplicación en la práctica del foro de competencia judicial internacional contenido en el artículo 10 del Reglamento 2201/2003", en *Cuadernos de derecho transnacional,* 2024, 16(2), pp. 932-948.

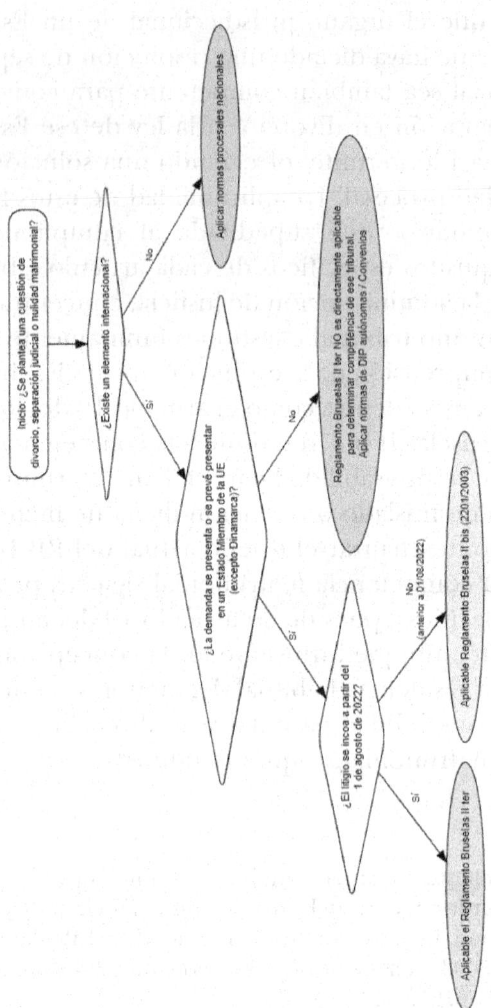

Figura 1. Determinación de la Aplicabilidad del Reglamento (UE) 2019/1111 ("Bruselas II ter") a una crisis matrimonial internacional

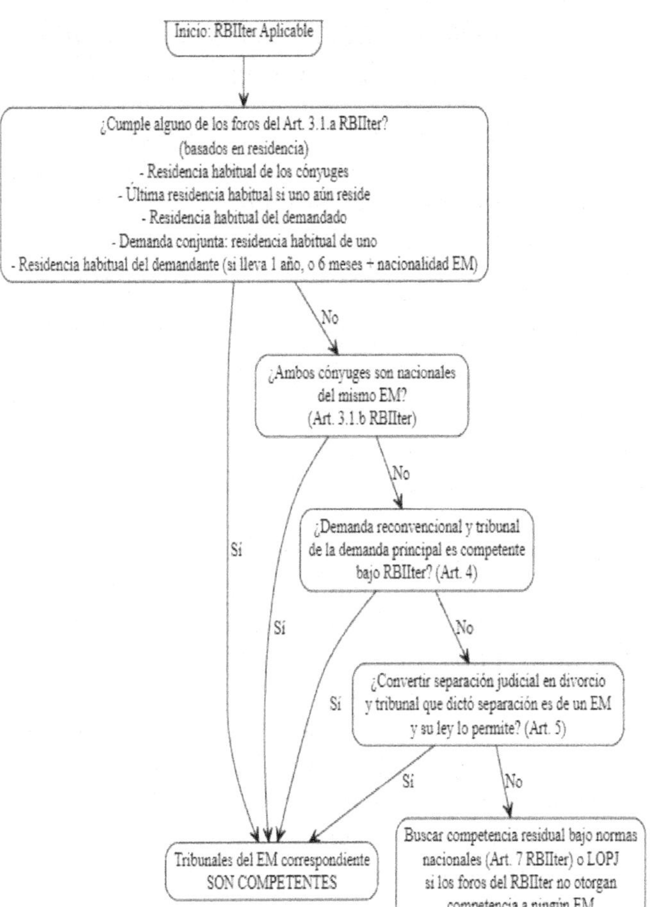

Figura 2. Elección del foro competente en materia matrimonial bajo el art. 3 del Reglamento "Bruselas II ter"

1.3. Ley aplicable a la nulidad matrimonial, separación judicial y divorcio internacional

Una vez que se ha declarado competente el Tribunal español es el momento de determinar la ley aplicable y resolver el litigio privado internacional planteado. En cuanto a la determinación de la ley aplicable en esta materia, debemos distinguir tres supuestos:

Ley aplicable a la separación judicial y al divorcio:

Señala el art. 107.2 CC que La separación y el divorcio legal se regirán por las normas de la Unión Europea o españolas de Derecho internacional privado. Así, debemos remitirnos al Reglamento 1259/2010. La finalidad del Reglamento es que los matrimonios formados por parejas de distintas nacionalidades o que residan en Estados diferentes, puedan elegir la ley aplicable en caso de divorcio o separación. El Reglamento 1259/2010 también establece qué ley será de aplicación al divorcio en caso de que no haya acuerdo de los cónyuges. Uno de los objetivos de la nueva norma es tratar de evitar que uno de los cónyuges solicite el divorcio antes que el otro con el fin de que el procedimiento se rija por una ley determinada que dicho cónyuge estime más favorable a la protección de sus intereses.

Ley aplicable elegida de mutuo acuerdo por las partes:

Los cónyuges de distinta nacionalidad, que pertenezcan a Estados que hayan suscrito el Reglamento

1259/2010 podrán convenir en designar la ley aplicable al divorcio y a la separación judicial siempre que sea una de las siguientes leyes: a) la ley del Estado en que los cónyuges tengan su residencia habitual en el momento de la celebración del matrimonio;, b) la ley del Estado del último lugar de residencia habitual de los cónyuges, siempre que uno de ellos aún resida allí; c) la ley del Estado cuya nacionalidad tenga uno de los cónyuges; o d) la ley del foro.

Ley aplicable a falta de elección por las partes.

A falta de acuerdo entre los cónyuges para establecer la ley aplicable al procedimiento de separación o divorcio, el Reglamento 1259/2010 dispone en su art. 8 que el divorcio y la separación judicial estará sujetos a la ley del Estado: en que los cónyuges tengan su residencia habitual en el momento de la interposición de la demanda o, en su defecto, en que los cónyuges hayan tenido su última residencia habitual, o en su defecto, de la nacionalidad común de los cónyuges, o en su defecto ante cuyos órganos se interponga la demanda Dicha ley aplicable resultante rige las siguientes cuestiones:

1.° Admisión del divorcio o separación;

2.° Causas de separación y divorcio;

3.° Efectos que produce la interposición de la demanda;

4.º Efectos de la reconciliación sobre el procedimiento y/o el divorcio y posible con- versión de la separación en divorcio;

5.º La elaboración de un convenio regulador en los procedimientos de divorcio o separación de mutuo acuerdo;

6.º El régimen del divorcio o de la separación en caso de desacuerdo;

7.º Si debe procederse o no a la disolución del régimen económico matrimonial;

8.º Los alimentos derivados del divorcio o separación y la pensión compensatoria por desequilibrio económico se regulan también por la Ley del divorcio;

9.º Si procede o no la disolución del matrimonio en virtud de la declaración de fallecimiento de uno de los cónyuges; y,

10.º La asignación de la vivienda familiar a uno de los ex cónyuges o ex convivientes.

Cuestiones relevantes

3. **La determinación del Derecho aplicable a las relaciones jurídicas de tráfico jurídico externo se realiza a través de normas específicas de Derecho internacional privado**; que pueden

ser internas (p. ej. el Código Civil), comunitarias o convencionales (p. ej. el Reglamento 1259/2010 o el Convenio de La Haya de 2 octubre 1973 sobre la ley aplicable a las obligaciones de alimentos).

4. **Pervivencia de la orientación personalista en la determinación de la ley aplicable al fondo del asunto.**

5. **Las normas de conflicto generan diversos problemas de aplicación**: la aplicación del Derecho extranjero (= régimen legal sobre alegación y prueba del Derecho extranjero —art. 281 LEC y 33 LCJI—) **y el orden público** (el contenido del Derecho extranjero no puede vulnerar los principios fundamentales del Derecho español —art. 12.3. CC—).

JURISPRUDENCIA

La SAP Asturias 29 septiembre 2006 (Tol 1626028) Nuria, desestima el recurso interpuesto por el demandado frente a la sentencia que estimó la demanda y declaró la separación de los cónyuges litigantes con los efectos inherentes a dicha declaración. El tribunal argumenta que, aunque ambos cónyuges son de nacionalidad rumana, al no existir en el derecho rumano la separación, la misma ha de regirse conforme a la ley española. Por otro lado, no existiendo previsión en el derecho de rumano respecto de los alimentos de los hijos mayores de edad, debe aplicarse igualmente la ley española, al ser la de residencia de los litigantes, que se deben reconocer a la hija común al carecer de independencia por estar cursando sus estudios, siendo su cuantía conforme a las necesidades de la misma y a las posibilidades de padre alimentante.

La **SAP Barcelona 20 junio 2006** (Tol 1037886) desestima el recurso interpuesto por la demandada frente a la sentencia que estimó la demanda y declaró la nulidad del matrimonio formado con el actor. El tribunal argumenta que, siendo ambos cónyuges de nacionalidad marroquí, debe aplicarse el derecho marroquí y no el español, aunque también conforme a aquél debe declararse la nulidad al estar acreditado que faltó el consentimiento matrimonial. Contra la sentencia de instancia, que desestimó la demanda, la AP estima el recurso de apelación interpuesto por la actora, revoca la misma, y en su lugar estima la demanda. Los cónyuges han contraído matrimonio en Marruecos, y son los dos de nacionalidad marroquí. La actora invoca la ley española, por ser la residencia común de los cónyuges, y el demandado la ley nacional común. La falta de prueba del derecho invocado por el demandado lleva a juzgar y fallar según el derecho español. Se establece una pensión compensatoria para la actora y se fija la pensión para los hijos.

Ley aplicable a los "divorcios".

Con fecha de 11 de junio de 2015, Tribunal Superior Regional Civil y Penal de Múnich, Alemania planteó al TJUE en el asunto C-281/15 Sahyouni (STJUE 1 agosto 2016) una serie de cuestiones prejudiciales relativas a la aplicación del Reglamento n.º 1259/2010 en los llamados "divorcios privados" como pueden ser procedimientos instados por tribunales religiosos, como el Tribunal de la Rota; además de cuestiones como ley aplicable y orden público. Por desgracia, el Auto del TJUE de 12 de mayo de 2016 se declaró incompetente para resolver las preguntas del tribunal alemán, puesto que no se cumplían los requisitos procesales pertinentes, por lo que debemos esperar a un posterior planteamiento para la resolución de tales cuestiones.

Adicionalmente a la estructura jerárquica de puntos de conexión en ausencia de pacto, la operatividad del Reglamento (UE) N.º 1259/2010 (= Reglamento "Roma III"), pivota de manera crucial sobre el principio de la autonomía de la voluntad conflictual, consagrado en su artículo 5. Esta disposición permite a los cónyuges, o futuros cónyuges, designar la ley aplicable a su divorcio o separación judicial, una facultad que, si bien no es ilimitada, introduce un grado significativo de previsibilidad y seguridad jurídica en las relaciones transfronterizas[6].

La elección está circunscrita a un elenco cerrado de leyes: la ley del Estado de su residencia habitual común en el momento de la celebración del convenio; la ley del Estado de la última residencia habitual común de los cónyuges, siempre que uno de ellos aún resida allí al celebrar el convenio; la ley del Estado cuya nacionalidad ostente uno de los cónyuges en el momento de la celebración del convenio; o, finalmente, la ley del foro, es decir, la ley del Estado miembro ante cuyos órganos jurisdiccionales se interponga la demanda. Esta última opción, la *lex fori*, adquiere una relevancia particular cuando los cónyuges anticipan la interposición de la demanda en un Estado específico y desean que su legislación material rija el fondo del asunto, simplificando el proceso al evitar la aplicación de un derecho extranjero. La praxis evidencia un incremento notable en las disputas que involucran la compensación económica entre cónyuges con vínculos internacionales, donde la correcta aplicación de Roma III es determinante para la resolución. Profundizando en los requisitos formales, el artículo 7 de Reglamento "Roma III" establece

---

6 *Vid.* Reglamento (UE) N.º 1259/2010 del Consejo, de 20 de diciembre de 2010, por el que se establece una cooperación reforzada en el ámbito de la ley aplicable al divorcio y a la separación judicial, *DOUE.* 2010; L 343:10-16, art. 5.

que el convenio de elección de ley debe constar por escrito, estar fechado y firmado por ambos cónyuges. Esta exigencia formal busca garantizar la autenticidad del acuerdo y la plena consciencia de las partes sobre sus implicaciones. No obstante, la interpretación de "por escrito" ha generado debates, especialmente en relación con la validez de acuerdos alcanzados mediante medios electrónicos o aquellos que, aunque no formalizados estrictamente, reflejan una voluntad inequívoca de las partes.

La doctrina y cierta jurisprudencia más reciente tienden hacia una interpretación flexible, siempre que se pueda acreditar fehacientemente el consentimiento mutuo y la fecha del acuerdo, una cuestión que Ortega Giménez (2024) analiza con detalle, subrayando la necesidad de equilibrar el rigor formal con la realidad de las comunicaciones contemporáneas[7]. En cuanto al momento de la elección, el Reglamento "Roma III" es igualmente flexible, permitiendo que el acuerdo se celebre tanto antes de iniciar el procedimiento de divorcio o separación, incluso antes del matrimonio, como durante el transcurso del

---

7 *Vid.* Ortega Giménez, A., "La necesaria regulación de la compensación económica por separación o divorcio entre cónyuges extranjeros en España como desafío jurídico en la actualidad", en *Revista Boliviana de Derecho*, 2024, 37, pp. 420-449.

mismo, siempre que la ley del foro lo permita. Esta flexibilidad temporal es fundamental para adaptar la planificación legal a la evolución de la relación conyugal y las circunstancias personales de los cónyuges.

En ausencia de una elección válida de ley por las partes, el artículo 8 del Reglamento "Roma III" establece una cascada de puntos de conexión subsidiarios, diseñados para determinar la ley aplicable de manera objetiva y previsible. La jerarquía es estricta: en primer lugar, se aplicará la ley del Estado de la residencia habitual común de los cónyuges en el momento de la interposición de la demanda. Si no existe tal residencia común en ese momento, se recurrirá a la ley del Estado de la última residencia habitual común, siempre que dicho período de residencia no haya finalizado más de un año antes de la interposición de la demanda y uno de los cónyuges aún resida allí. Este criterio temporal busca anclar la conexión a un pasado reciente y relevante. Si este segundo criterio tampoco resulta operativo, la ley aplicable será la del Estado de la nacionalidad común de ambos cónyuges en el momento de la interposición de la demanda. Finalmente, como último recurso, si ninguno de los puntos anteriores permite determinar la ley aplicable, se aplicará la ley del Estado miembro ante cuyos órganos jurisdiccionales se haya interpuesto la demanda (la *lex fori*). Esta estructura escalonada pretende asegurar que siempre se pueda identificar una ley aplicable, priorizando los vínculos más estrechos y actuales de los cónyuges con un ordenamiento jurídico determinado. La aplicación de estos criterios en contextos de matrimonios igualitarios transfronterizos presenta desafíos específicos, particularmente cuando la ley designada por el Reglamento "Roma III" no reconoce dicha unión, como lo examina Espiniella Menéndez (2024), destacando la interacción con el orden público y la jurisprudencia del TEDH y TJUE[8].

Un mecanismo corrector de especial relevancia dentro del Reglamento "Roma III" es la denominada "cláusula de escape" o, más propiamente, la disposición del artículo 10, que permite la aplicación de la ley del foro si la ley que resultaría aplicable en virtud de los artículos 5 u 8 no contempla el divorcio o no concede a uno de los cónyuges, por razón de su sexo, igualdad de acceso al divorcio o a la separación judicial. Esta cláusula tiene una doble finalidad: por un lado, garantizar el acceso efectivo a la disolución del vínculo matrimonial cuando la ley designada lo impide absolutamente y, por otro, proteger el principio de no discriminación por razón de sexo. Su aplicación, sin embargo, no es automática y requiere una ponderación cuidadosa por parte del tribunal. No se trata de permitir el divorcio

---

8 *Vid.* Espiniella Menéndez, Á., "El matrimonio igualitario desde las lógicas del Derecho internacional privado", en *Cuadernos de Derecho Transnacional*, 2024, 16(2), pp. 617-632.

simplemente porque la ley designada lo haga más difícil o establezca requisitos más estrictos, sino cuando lo imposibilita o lo condiciona de forma discriminatoria. La jurisprudencia en este ámbito, aunque no excesivamente abundante, tiende a interpretar restrictivamente esta cláusula para no vaciar de contenido el sistema de elección y los puntos de conexión objetivos del Reglamento. El análisis de Gamarra Martín (2024), aunque centrado en el reconocimiento, toca tangencialmente cómo los tribunales españoles verifican la aplicación del Reglamento "Roma III" por autoridades extranjeras, incluyendo el uso de esta cláusula, como parte del control previo al reconocimiento de sentencias[9]. La interacción de esta cláusula con el orden público internacional del foro, según el artículo 12 del Reglamento "Roma III", es también un aspecto crucial, ya que una ley que, aunque permita el divorcio, lo haga en términos manifiestamente contrarios a los principios fundamentales del foro podría ser igualmente descartada.

A continuación, se presentan esquemas visuales para facilitar la comprensión del proceso de determinación de la ley aplicable bajo el Reglamento "Roma III".

---

9 *Vid.* Gamarra Martín, D., *Régimen interno de reconocimiento y ejecución de resoluciones judiciales extranjeras en materia de crisis matrimoniales* [Trabajo Fin de Máster, Universidad de Valladolid], 2024.

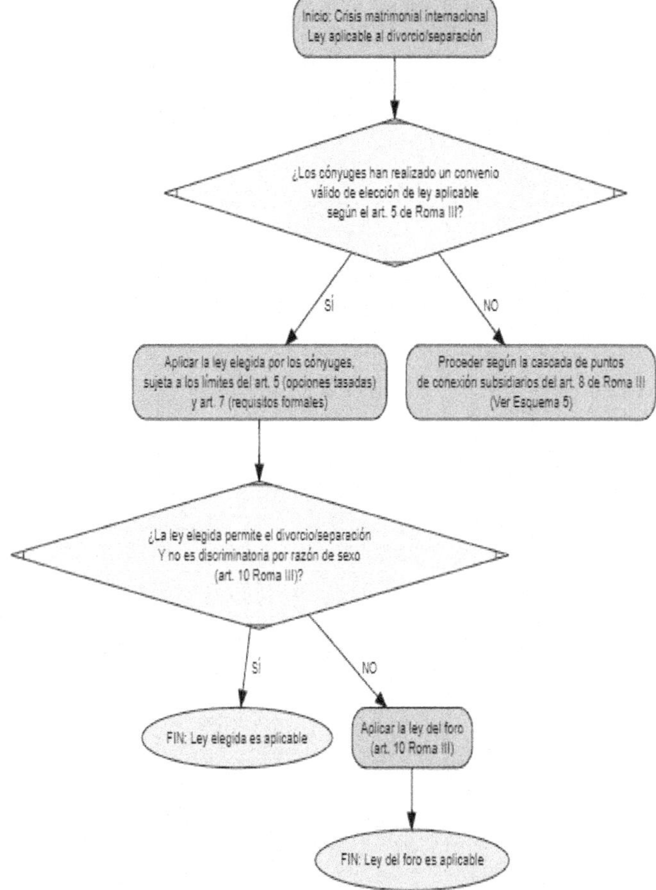

Figura 3. Aplicación del Reglamento Roma III
(¿Elección de Ley por las Partes?)

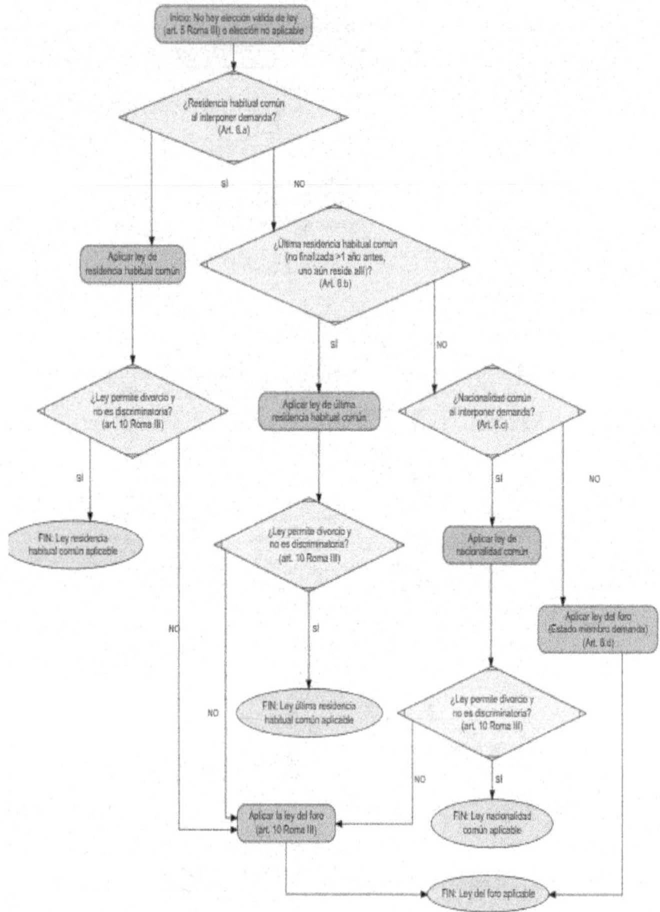

Figura 4. Determinación de la Ley aplicable según el art. 8 de Roma III (Ausencia de elección)

1.4. Análisis avanzado de jurisprudencia clave en crisis matrimoniales internacionales

La interpretación y aplicación de los Reglamentos europeos en materia de familia se nutren y evolucionan a través del diálogo constante entre los tribunales nacionales y el TJUE. Más allá de la letra de la norma, es la jurisprudencia la que cincela los contornos de conceptos jurídicos indeterminados y resuelve las antinomias que surgen en la praxis forense. Esta sección, por tanto, se adentra en un análisis doctrinal de sentencias paradigmáticas que, complementando las menciones ya realizadas a lo largo del texto, resultan indispensables para una comprensión cabal y práctica de la normativa sobre crisis matrimoniales internacionales. El objetivo es desgranar la *ratio decidendi* de fallos clave, examinar su impacto real y extraer lecciones estratégicas para el profesional del derecho que navega en este complejo ámbito. A través de este examen pormenorizado, se busca evidenciar cómo el TJUE ha ido construyendo un cuerpo doctrinal coherente, basado en principios como la proximidad, la seguridad jurídica y la protección de la parte más débil, que guía la actuación de todos los operadores jurídicos en el espacio de libertad, seguridad y justicia.

Partiendo de esta premisa, la sentencia del TJUE de 27 de abril de 2023 (asunto C-372/22) emerge como un pronunciamiento de capital importancia para la interpretación del Reglamento "Bruselas II ter", específicamente en lo que concierne a la competencia para la modificación de resoluciones sobre responsabilidad parental, como el régimen de visitas, tras un cambio de residencia habitual del menor. Aunque se centra en la responsabilidad parental, sus fundamentos sobre la transferencia de competencia y el principio de proximidad son extrapolables a la lógica general del Reglamento. En el caso, tras un divorcio en un Estado miembro A, el progenitor custodio se traslada con los hijos a un Estado miembro B, adquiriendo allí su nueva residencia habitual. El TJUE clarifica que, una vez consolidada la nueva residencia habitual, la competencia para modificar las medidas sobre responsabilidad parental se transfiere a los tribunales del Estado miembro B, en virtud del artículo 8 del RB II ter. El análisis doctrinal de este fallo destaca que la sentencia refuerza el principio de proximidad, al considerar que el juez del lugar donde el menor desarrolla su vida es el más idóneo para valorar su interés superior[10]. Para el letrado, la implicación práctica es directa: ante un cambio de residencia post-ruptura, la estrategia pro-

---

10 *Vid.* Carrillo Pozo, L. F., "Competencia para la modificación del régimen de visitas y estancias. Comentario a la sentencia del Tribunal de Justicia (sala Novena) de 27 abril 2023, asunto C 372/22", en *Cuadernos de Derecho Transnacional,* 2024, 16(1), pp. 764-774.

cesal para solicitar una modificación de medidas debe dirigirse, como regla general, a los tribunales del nuevo Estado de residencia, evitando así dilaciones y conflictos de competencia.

Siguiendo con la evolución jurisprudencial, la obra colectiva coordinada por Adam Muñoz y otros[11] ofrece un análisis metódico sobre cómo sentencias clave, como las del 5 de junio de 2018, han redefinido la aproximación del TJUE a conceptos como "familia" o "matrimonio" en contextos transfronterizos, lo cual tiene un impacto directo en la aplicación de los Reglamentos. Este análisis evidencia que la jurisprudencia reciente del TJUE tiende a una interpretación amplia y autónoma de los conceptos familiares, desligándolos de las concepciones más restrictivas de algunos Derechos nacionales, especialmente en lo que respecta al reconocimiento de uniones entre personas del mismo sexo o de filiaciones establecidas en el extranjero. Dicha investigación constata que más de tres cuartas partes de las cuestiones prejudiciales en materia familiar post-2018 se relacionan con la determinación de la residencia habitual, subra-

---

11 *Vid.* Adam Muñoz, M. D., Beltrame de Moura, A., Calzado Llamas, A. J., Campuzano Díaz, B., Cano Bazaga, E., Checa Martínez, M., Zamora Gómez, C. M., Derecho de familia internacional en un contexto de creciente migración: cuestiones vinculadas con el reglamento 2019/1111, Editorial Aranzadi, 2024.

yando su centralidad como punto de conexión. De igual modo, este trabajo doctrinal examina la incorporación del *fórum necessitatis* al sistema Bruselas, una herramienta que, aunque de aplicación restrictiva, ha sido perfilada por el TJUE como una salvaguarda esencial para evitar la denegación de justicia en casos con complejas conexiones extracomunitarias. Esta tendencia jurisprudencial hacia la efectividad de los derechos y la protección de las relaciones familiares transfronterizas obliga al profesional a mantenerse actualizado sobre una doctrina en constante construcción.

La recepción de esta doctrina europea a nivel nacional es un factor determinante para su eficacia. La crónica de la Dirección General de Seguridad Jurídica y Fe Pública de 2023, analizada por Sánchez Lorenzo[12], proporciona una visión pragmática de cómo las autoridades españolas, tanto registrales como judiciales, aplican estos criterios en la resolución de casos concretos. Este análisis revela una alta tasa de aplicación de la jurisprudencia del TJUE posterior a 2018, lo que denota una internalización de los estándares europeos. Son especialmente ilustrativos los casos en los que se ha tenido que determinar la "nacionalidad efectiva" a efectos de competencia o ley aplicable. Si-

---

12 *Vid.* Sánchez Lorenzo, S. A., "Crónica de Doctrina de la Dirección General de Seguridad Jurídica y Fe Pública 2023", en *Anuario Español de Derecho Internacional Privado*, 2024.

guiendo la estela de la jurisprudencia comunitaria, las autoridades españolas han procedido a un examen de los vínculos reales de la persona con sus nacionalidades, llegando a descartar la aplicación de la ley correspondiente a una nacionalidad que, aunque formalmente ostentada, se consideraba carente de una conexión genuina con el individuo. Esta praxis demuestra que el concepto de "nacionalidad efectiva" no es meramente teórico, sino una herramienta operativa que puede alterar significativamente el resultado de un litigio, y su correcta argumentación se convierte en un punto clave en la estrategia legal.

En síntesis, este breve recorrido jurisprudencial pone de manifiesto varias conclusiones prácticas para el jurista. Primero, la centralidad absoluta del concepto de "residencia habitual", cuya determinación fáctica y prueba rigurosa es el primer y más importante paso en cualquier crisis matrimonial internacional. Segundo, la necesidad de una aproximación dinámica a la competencia judicial, especialmente cuando hay menores implicados y se producen cambios de residencia post-sentencia, como evidencia la doctrina del TJUE en el asunto C-372/22. Tercero, la importancia de no limitarse a un análisis formal de los puntos de conexión, como la nacionalidad, sino de estar preparado para argumentar sobre su "efectividad" real, conforme a los criterios desarrollados por el TJUE y aplicados por las autoridades nacionales. Finalmente, se constata una clara tendencia del Derecho de la Unión a priorizar la continuidad y el reconocimiento de los vínculos familiares transfronterizos, utilizando conceptos autónomos y la excepción de orden público de manera funcional y no como una barrera formalista. La labor del abogado, en este contexto, trasciende la mera aplicación de la norma para convertirse en una argumentación estratégica basada en una jurisprudencia viva y en constante evolución.

2. LA COMPENSACIÓN ECONÓMICA POR SEPARACIÓN O DIVORCIO ENTRE CÓNYUGES EN EL DERECHO INTERNACIONAL PRIVADO ESPAÑOL

2.1. Planteamiento. Compensación económica por separación o divorcio entre cónyuges y relaciones privadas internacionales

Con el fin de dotar al presente trabajo de funcionalidad práctica que permita visualizar, con mayor claridad, las principales cuestiones objeto de análisis, se considera oportuno fijar un supuesto de hecho como punto de partida, para evidenciar las cuestiones que se plantean en el día a día del trabajo de los distintos operadores jurídicos, mostrando que estamos ante un tema que no se queda en lo teórico, sino que es eminentemente práctico:

Marie, de nacionalidad francesa y con residencia en París (Francia), reclama una pensión compensatoria a Tomas, un ciudadano belga residente en Alicante (España), padre de un hijo que tienen en común, y que vive en París con su madre. Teniendo en cuenta lo anterior, se presentan varias preguntas fundamentales desde el punto de vista jurídico. Cabe preguntarse, por ejemplo, si ¿serían competentes los tribunales españoles, belgas o franceses para conocer de la acción de reclamación de la pensión compensatoria?; y, una vez determinado el órgano jurisdiccional competente, se presenta otra pregunta esencial con respecto a ¿qué Ley regirá la reclamación de dicha pensión compensatoria?, ¿la legislación española, la belga y/o la francesa? Es evidente que un simple supuesto de hecho plantea numerosas cuestiones jurídicas, más aún si cabe si tenemos en cuenta el elemento internacional que aumenta la complejidad del asunto.

Lo cierto es que nos encontramos ante un tema que, en los últimos años, ha cobra- do una actualidad manifiesta, como consecuencia del creciente carácter multicultural de nuestra sociedad derivado del proceso globalizador. El incremento de matrimonios entre cónyuges de diferente nacionalidad, ha causado un incremento directamente proporcional del volumen de estas reclamaciones de pensiones compensatorias en las que se presenta algún elemento internacional.

A los efectos que nos ocupan en el presente trabajo, y sin perjuicio de las particularidades existentes tanto en el ordenamiento jurídico español, como en el resto de los ordenamientos jurídicos nacionales, es equivalente hablar de "pensión compensatoria entre cónyuges" y de "obligación de alimentos", estando integradas ambas en el concepto jurídico más amplio de obligaciones alimenticias. De esta forma, el concepto de "obligaciones alimenticias" debe ser objeto de una interpretación amplia, tomando como referencia la jurisprudencia del TJUE (STJUE 6 de marzo de 1980; as. 120/1979; y 27 de febrero de 1997; as. C-220/1995] en el contexto del Reglamento (CE) núm. 4/2009 del Consejo, de 18 diciembre 2008, relativo a la competencia, la ley aplicable, el reconocimiento y la ejecución de las resoluciones y la cooperación en materia de obligaciones de alimentos (en adelante, el Reglamento 4/2009) de los que se puede extraer la siguiente definición: prestaciones cuyo objeto sea satisfacer las necesidades socio-económicas del individuo a partir de una relación de familia", independientemente de que se trate de pagos periódicos o de una suma total única, e incluye, en particular, las pensiones compensatorias entre cónyuges, en la medida en que derivan de la ruptura de una relación de familia y/o se basan en las necesidades y recursos respectivos de los esposos, que tienen una naturaleza equivalente a la pensión de alimentos.

Normativa reguladora

Reglamento (CE) núm. 4/2009 del Consejo, de 18 diciembre 2008, relativo a la competencia, la ley aplicable, el reconocimiento y la ejecución de las resoluciones y la cooperación en materia de obligaciones de alimentos.

Cuestiones relevantes

Concepto de "alimentos" en el Reglamento 4/2009.

El concepto de "alimentos" que maneja el Reglamento 4/2009 es el mismo que ya manejaba el Reglamento 44/2001. Se trata de un "concepto autónomo", independiente, europeo, propio de dicho Reglamento 4/2009. Es un concepto diferente del concepto de "alimentos" que manejan los Derechos de los Estados miembros. Es, además, un concepto muy amplio.

Con arreglo al Considerando 11 del Reglamento 4/2009, cabe precisar lo siguiente:

(a) Son "alimentos", a efectos del Reglamento 4/2009, todas aquellas prestaciones que la Ley establece con el objetivo de paliar las necesidades económicas de ciertas personas y que se imponen sobre ciertos parientes o personas que disponen de mayores recursos económicos (STJCE 20 marzo 1997, Farrell; en el sector de la Ley aplicable, que indica que la prestación regulada en el Derecho marroquí y conocida como "Mut'a" (art. 84 Mudawana marroquí) desarrolla una función alimenticia y debe regirse por las normas españolas de Derecho internacional privado relativas a los alimentos (también SAP Barcelona 17 noviembre de 2009); (b) No importa la denominación jurídica de la prestación a satisfacer: pensión compensatoria, alimentos, deber de socorro, manutención, cargas del matrimonio, etc. Tampoco importa la modalidad de la prestación: que la prestación consista en el pago de una suma monetaria y/o en la cesión de un bien, que el pago de la suma sea in tontum o en "cuotas periódicas", etc., es indiferente. También es irrelevante que obligación se haya determinado en consideración de las necesidades y recursos de las partes (Informe POCAR sobre el Convenio de "Lugano II", núm. 54 en DOUE 13 diciembre 2019); (c) La amplitud del concepto "alimentos" manejado por el Reglamento 4/2009 hace que en el mismo se incluyan ciertas prestaciones compensatorias entre excónyuges. En efecto, el concepto de "alimentos" recogido en el Reglamento 4/2009, cubre la "pensión por desequilibrio" contemplada en el art. 97 CC, aunque se decida en el marco de un proceso de divorcio [proceso que está excluido del Reglamento Bruselas I-bis y del Reglamento 4/2009 (alimentos) SAP Lleida 7 abril 2006 (Tol 6305190), SAP Barcelona 12 febrero 2013 (Tol 3413749) (divorcio entre cónyuges portugueses), SAP Barcelona 12 mayo 2015 (Tol 5209247) (cónyuges alemanes)]. La pensión tras el divorcio que para la determinación de su cuantía toma en consideración las necesidades y los recursos de cada uno de los cónyuges, y que tiene como finalidad la manutención del cónyuge, debe ser considerada una pensión de "alimentos". La solución puede parecer extraña a los juristas españoles, pues es sabido que, en Derecho civil español, la pensión compensatoria tras el divorcio no tiene "naturaleza alimenticia".

En nuestro ordenamiento interno, de conformidad con el art. 97 CC, redactado por Ley 30/1981, de 7 de julio, la pensión compensatoria constituye la cantidad periódica que un cónyuge debe satisfacer a otro tras la separación o el divorcio, para compensar el desequilibrio padecido por un cónyuge (el acreedor), en relación con el otro cónyuge (el deudor), como consecuencia directa de dicha separación o divorcio, de la que se derive un empeoramiento en relación con su anterior situación en el matrimonio. Se trata, por lo tanto, de una prestación que no tiene como finalidad reparar otros daños causados por un cónyuge a otro, cuya reclamación tiene un cauce y unos medios diferentes; ni tampoco tiene como propósito igualar el patrimonio privativo de los cónyuges después de la separación o el divorcio o economías dispares, sino que, más bien, el objetivo de la pensión compensatoria es la sustitución de los deberes de asistencia y de socorro mutuo reparando el desequilibrio causado entre los patrimonios de los cónyuges en aquellos casos en los que la separación y el divorcio causa un empeoramiento en la situación patrimonial de uno de los cónyuges.

De esta manera, teniendo en cuenta la anterior definición material extraída de nuestro ordenamiento interno, y añadiendo el elemento internacional que se presenta de forma cada vez más habitual, es posible analizar las principales cuestiones de Derecho Internacional Privado del tema planteado, teniendo en cuenta que, en este ámbito, se trata de una cuestión cuya regulación es fiel reflejo del proceso de codificación internacional en la materia desarrollado en los tres ámbitos tradicionales: competencia judicial internacional, ley aplicable y reconocimiento y ejecución de las relaciones en esta materia. Por lo tanto, a continuación, analizaremos estos elementos con el fin de fijar adecuadamente el régimen jurídico de la pensión compensatoria entre cónyuges en el Derecho internacional privado español.

EFECTOS EN ESPAÑA DE SENTENCIAS DE NULIDAD MATRIMONIAL, SEPARACIÓN JUDICIAL Y DIVORCIO INTERNACIONAL

El reconocimiento de las sentencias de nulidad, separación y divorcio internacional puede obtenerse en España a través de una diversidad de instrumentos legales, principalmente: a) Reglamento 2019/1111; o b) la Ley 29/2015, de 30 de julio, de Cooperación Jurídica Internacional en Materia Civil (LCJIMC).

a. El Reglamento "Bruselas II ter"

Las normas de reconocimiento/exequátur contenidos en el Reglamento "Bruselas II ter" solo pueden aplicarse a las resoluciones que hayan sido dictadas por autoridades públicas de un Estado miembro a partir del 1 de agosto de 2022 (= art. 2. 2 del Reglamento "Bruselas II ter").

EL Reglamento 2019/1111 establece diversos mecanismos para dotar a una resolución en materia de nulidad, separación o divorcio internacional de los efectos propios del reconocimiento: a) reconocimiento incidental judicial (= artículo. 30.1 y art. 38 Reglamento "Bruselas II ter"); b) reconocimiento incidental registral (= artículo 30.2 y Considerando 54 del Reglamento "Bruselas II ter"); y c) reconocimiento por homologación (= artículos 30.3 y arts. 59 y ss. del Reglamento "Bruselas II ter").

En todos estos supuestos, la autoridad del Estado requerido ha de realizar un control de legalidad, comprobando que no existe ningún motivo del rechazo el reconocimiento (= artículo 38 del Reglamento "Bruselas II ter"). En ningún caso, se puede proceder a un control de la competencia judicial de la autoridad del Estado de origen ni de la ley aplicada por la misma (= artículos 69 y 70 del Reglamento "Bruselas II ter"). Se pueden reconocer efectos a una resolución no firme, salvo que se trate de un reconocimiento incidental registral (= artículo 30.2 del Reglamento "Bruselas II ter").

Conforme al Reglamento "Bruselas II ter", el reconocimiento incidental permite que una resolución extranjera sea tenida en cuenta sin necesidad de procedimiento específico.

b. La Ley 29/2015, de 30 de julio, de cooperación jurídica internacional en materia civil (LCJIMC).

En defecto de aplicación del Reglamento "Bruselas II ter", y ante la ausencia en esta materia de instrumentos convencionales bilaterales o multilaterales de aplicación, el reconocimiento/exequátur de resoluciones judiciales en materia de nulidad, separación y divorcio se rigen por lo dispuesto en los artículos 41 a 61 de la LCJIMC.

Así, conforme a la LCJIMC, las resoluciones judiciales extranjeras firmes no se reconocerán:

a) Cuando fueran contrarias al orden público.

b) Cuando la resolución se hubiera dictado con manifiesta infracción de los derechos de defensa de cualquiera de las partes. Si la resolución se hubiera dictado en rebeldía, se entiende que concurre una manifiesta infracción de los derechos de defensa si no se entregó al demandado cédula de emplazamiento o documento equivalente de forma regular y con tiempo suficiente para que pudiera defenderse.

c) Cuando la resolución extranjera se hubiere pronunciado sobre una materia respecto a la cual fueren exclusivamente competentes los órganos jurisdiccionales españoles o, respecto a las demás materias, si la competencia del juez de origen no obedeciere a una conexión razonable. Se presumirá la existencia de una conexión razonable con el litigio cuando el órgano jurisdiccional extranjero hubiere basado su competencia judicial internacional en criterios similares a los previstos en la legislación española.

d) Cuando la resolución fuera inconciliable con una resolución dictada en España.

e) Cuando la resolución fuera inconciliable con una resolución dictada con anterioridad en otro Estado, cuando esta última resolución reuniera las condiciones necesarias para su reconocimiento en España.

f) Cuando existiera un litigio pendiente en España entre las mismas partes y con el mismo objeto, iniciado con anterioridad al proceso en el extranjero.

g) Las transacciones judiciales extranjeras no se reconocerán cuando fueran contrarias al orden público.

Cuestiones relevantes

Si se trata de obtener el reconocimiento en España de una sentencia de divorcio, nulidad y separación, que ha sido dictada en un Estado miembro, excepto Dinamarca, conforme al Reglamento "Bruselas II ter", se presentará una solicitud de reconocimiento, sin que sea preciso que la resolución a reconocer sea firme en el Estado donde se dictó (basta que sea ejecutiva en el Estado de origen), ante el Juez de Primera Instancia del lugar del domicilio de la persona contra la que se pide el reconocimiento o la declaración de no reconocimiento. Si el demandado no reside en España puede ser demandado en el lugar en que se encuentre en España o en el de su última residencia en España y a falta de tales elementos, en el lugar del domicilio del actor.

La solicitud deberá ser presentada por escrito con abogado y procurador y acompañada de los mismos documentos que en caso anterior.

Se puede plantear el reconocimiento de una resolución de forma incidental.

El reconocimiento en España de las resoluciones dictadas en Dinamarca, y ante la ausencia en esta materia de instrumentos convencionales bilaterales o multilaterales de aplicación se rige por la LCJIMC. El trámite procesal se inicia con la formulación de demanda presentada directamente ante el Juzgado de 1.ª Instancia competente.

Si únicamente se pretende la inscripción en el Registro Civil, no es necesario obtener la homologación judicial previa o "exequátur", siendo aplicable la Ley 20/2011, de 21 de julio, del Registro Civil.

2.2. El sistema español de competencia judicial internacional en materia de compensación económica por separación o divorcio entre cónyuges

Normativa reguladora

El principal instrumento legal vigente en España en esta materia es, como ya hemos señalado, el Reglamento 4/2009, que contiene un conjunto de normas que regulan competencia judicial internacional en esta materia. Asimismo, el Reglamento "Bruselas II ter" regula el reconocimiento y exequátur de las decisiones en materia de alimentos dictadas por autoridades de los Estados miembros (Capítulo IV del Reglamento "Bruselas II ter"), encontrándonos, en este punto, con que las decisiones dictadas por autoridades de Estados miembros vinculados por el Protocolo de La Haya de 2007 disponen, como veremos, de un régimen más favorable para alcanzar su efectividad en los demás Estados miembros (sección 1 Capítulo IV del Reglamento "Bruselas II ter"), mientras que las procedentes de Estados miembros no vinculados por el Protocolo de La Haya de 2007 están sujetas a un régimen más severo (sección 2 Capítulo IV del Reglamento "Bruselas II ter").

Cuestiones relevantes

Competencia en materia de alimentos y art. 22 quáter LOPJ. Antes de la entrada en vigor del Reglamento 4/2009, y en defecto de instrumento internacional aplicable, los tribunales españoles eran competentes en materia de obligaciones de alimentos con arreglo al art. 22 LOPJ, redacción de 1985 [SAP Barcelona 24 noviembre 2006 (Tol 1079615), SAP Barcelona 2 mayo 2006 (Tol 1009875), AAP Tarragona 30 enero de 2009 (Tol 6706120)]. Hoy día, el precepto es inaplicable. El art. 22 quitar f), precepto redactado en 2015 y que contiene los foros de competencia internacional con arreglo a los cuales los tribunales españoles pueden declararse competentes en los casos internacionales relativos a alimentos resulta inaplicable en la práctica. En concreto, el texto inaplicable del art. 22 quáter f) LOPJ indica que los tribunales españoles son competentes: "f) En materia de alimentos, cuando el acreedor o el demandado de los mismos tenga su residencia habitual en España o, si la pretensión de alimentos se formula como accesoria a una cuestión sobre el estado civil o de una acción de responsabilidad parental, cuando los Tribunales españoles fuesen competentes para conocer de esta última acción".

El estudio del régimen de la competencia judicial internacional previsto en el Reglamento 4/2009 nos debe llevar, a priori, a destacar las siguientes ideas sobre las que se profundizará más adelante y que tienen, como fin último inspirador, garantizar la proximidad entre el acreedor y el órgano jurisdiccional competente y favorecer, por ende, el cobro efectivo de los créditos alimenticios en casos transfronterizos:

1.ª El foro general determina que, la jurisdicción competente para decidir en materia de obligaciones alimenticias es la del lugar de residencia habitual del demandado o el acreedor; mientras que la competencia judicial internacional corresponderá al órgano jurisdiccional competente en virtud de la ley del foro para examinar una acción en materia de estado de las personas (un divorcio, por ejemplo) o de responsabilidad parental, cuando esté asociada una demanda relativa a una obligación alimentaria (siempre que esta competencia no se base únicamente en la nacionalidad de una de las partes).

2.ª Salvo en el caso de los litigios relativos a la obligación de alimentos respecto a un menor de edad inferior a 18 años, las partes podrán, bajo ciertas condiciones, atribuir de común acuerdo la competencia a un órgano jurisdiccional o a los órganos jurisdiccionales de un Estado miembro para resolverlo.

3.ª Será competente el órgano jurisdiccional de un Estado miembro ante el cual comparezca el demandado, excepto si éste pretende impugnar tal competencia.

4.ª Si no se cumple ninguna de las condiciones antes mencionadas, el litigio podrá interponerse, teniendo en cuenta algunas condiciones, ante los órganos jurisdiccionales de un Estado miembro en el que residan las dos partes.

5.ª De no darse esa circunstancia, si el procedimiento no puede interponerse en un Estado tercero con el que el litigio tiene un estrecho vínculo, la demanda podrá interponerse ante el órgano jurisdiccional de un Estado miembro con el que el asunto presente un vínculo suficiente.

6.ª Si el acreedor sigue viviendo en el Estado miembro que ha dictado la resolución en materia de obligaciones de alimentación, el deudor no podrá, salvo excepciones, iniciar un procedimiento para modificarla en ningún otro Estado miembro. Sin embargo, el acreedor podrá aceptar que otro órgano jurisdiccional conozca del recurso.

7.ª Si un procedimiento concerniente a las mismas partes y con el mismo objeto y la misma causa se presentase ante los órganos jurisdiccionales de distintos Estados miembros, será competente el órgano jurisdiccional ante el cual se interpuso primero.

8.ª Independientemente del órgano jurisdiccional competente en el fondo, se pueden presentar medidas provisionales y cautelares ante todo órgano jurisdiccional de cualquier Estado miembro, conforme las previsiones de la ley del Estado en cuestión.

Aunque las anteriores ideas son las que derivan del estudio de las previsiones del Reglamento 4/2009, resulta necesario un análisis de mayor profundidad de los diferentes foros de competencia que se regulan en el meritado Reglamento.

2.2.1. Foros de competencia

El art. 3 del Reglamento 4/2009 establece cuatro foros, que tienen carácter alter- nativo: a) el órgano jurisdiccional del lugar donde el demandado tenga su residencia habitual, o b) el órgano jurisdiccional del lugar donde el acreedor tenga su residencia habitual, o c) el órgano jurisdiccional competente en virtud de la ley del foro para conocer de una acción relativa al estado de las personas, cuando la demanda relativa a una obligación de alimentos sea accesoria de esta acción, salvo si esta competencia se basa únicamente en la nacionalidad de una de las partes, o d) el órgano jurisdiccional competente en virtud de la ley del foro para conocer de una acción relativa a la responsabilidad parental, cuando la demanda relativa a una obligación de alimentos sea accesoria de esta acción, salvo si esta competencia se basa únicamente en la nacionalidad de una de las partes.

Cuestiones relevantes

Análisis del foro de la residencia habitual del acreedor de alimentos (art. 3.b del Reglamento 4/2009).

El foro recogido en el art. 3.b del Reglamento 4/2009 potencia la posición jurídica del acreedor de alimentos, persona más necesitada de tutela jurídica (STJUE 18 diciembre 2014, as. Ac. C-400/13 y C-408/13, Sanders y otros, FD 28). Normalmente, el demandante es el acreedor de alimentos. Dispone así de una "carta de foros" de competencia judicial internacional que le permite accionar ante los tribunales de diferentes Estados miembros. Por otro lado, el tribunal del lugar de la residencia habitual del acreedor de alimentos está en óptimas condiciones "para comprobar si éste se encuentra en situación de necesidad y para determinar el alcance de esta última" (STJUE 18 diciembre 2014, as. ac. C-400/13 y C-408/13, Sanders y otros, FD 34).

El acreedor de alimentos puede accionar ante los tribunales del Estado miembro de su residencia habitual. De ese modo, el acreedor no está obligado a "perseguir judicialmente" al deudor ante los tribunales del Estado donde éste reside. El art.3.b del Reglamento 4/2009 recoge un foro de ataque (*fórum actoris*). De este modo, los alimentos pueden ser concedidos de modo más rápido (*venter non patitur dilationem*).

El art. 3.b del Reglamento 4/2009 alimentos acudir ante los tribunales del país donde tiene su "residencia habitual". Ello es relevante en los casos en que el demandante, aun cuando conserva su "domicilio legal" en un país, (normal- mente, país de acogida de emigrantes), reside de facto, pero habitualmente, en otro, que suele ser el Estado de origen del emigrante acreedor de alimentos, al que puede haber regresado tras una ruptura de convivencia en el país de acogida.

Este foro recogido en el art. 3.b del Reglamento 4/2009 opera como una regla de competencia internacional y también como una regla de competencia territorial. Ahora bien, la precisión exacta del órgano jurisdiccional concretamente competente para resolver tales litigios y la definición concreta de la competencia territorial de los órganos jurisdiccionales del lugar de residencia habitual del acreedor, corresponde a cada Estado miembro. El Estado miembro en cuestión debe señalar como competente un tribunal que corresponda, realmente, al lugar donde el acreedor tiene su residencia habitual. Algunos Estados disponen de reglas de concentración de litigios sobre alimentos, que obligan al acreedor a litigar ante un tribunal que conoce de otro pleito o acción (normalmente un tribunal especializado en pleitos de alimentos) y lo alejan del lugar de su residencia habitual. Pues bien, en estos casos, debe realizarse una ponderación de intereses en este sentido: a) El art. 3.b del Reglamento 4/2009 se opone, en principio, a las normativas nacionales que establecen una concentración de competencias judiciales en materia de obligaciones de alimentos transfronterizas a favor de un órgano jurisdiccional de primera instancia competente en el lugar en el que se encuentre la sede del órgano jurisdiccional de apelación; b) Ahora bien, esta normativa no es contraria al citado precepto si la misma contribuye a la consecución del objetivo de una recta administración de la justicia y proteja el interés de los acreedores de alimentos al favorecer el cobro efectivo de tales créditos, lo que, en cualquier caso, corresponde comprobar al órgano jurisdiccional que conoce del asunto.

Cuando la acción se ejercita por un progenitor en nombre y representación de su hijo menor, el titular del crédito alimenticio es el menor, Él es el que ejercita la acción. Por tanto, debe tenerse en cuenta la residencia habitual del menor y no la residencia habitual de la madre [SAP Barcelona de 29 abril de 2014 (Tol 4278260)].

Resulta muy discutida la cuestión de saber si el foro recogido en el art. 3.b del Reglamento 4/2009 puede emplearse cuando el demandante no es el acreedor de alimentos, sino una institución pública que pide el reembolso de los alimentos a otra personal, normalmente, al deudor que tenía que suministrar tales alimentos. La jurisprudencia del TJCE era contraria, y con mucha razón, pues el fundamento del precepto consiste en favorecer al "acreedor de alimentos", no a "otros sujetos" que pueden actuar como "demandantes" en un litigio de alimentos (STJCE 15 enero 2004, Bayern). El antiguo art. 5.2 del Reglamento 44/2001 era, pues, un "foro unidireccional": sólo beneficiaba al "acreedor de alimentos" y a nadie más. Esta tesis todavía puede mantenerse en relación con el art. 68.2 del Reglamento 4/2009 podrá permitir también utilizar dicho foro a "un organismo público" que actúa en lugar de una persona física a quien se le deba el pago de alimentos.

En definitiva, nos encontramos con que, en defecto de sumisión expresa o tácita, el Reglamento "Bruselas III", de prevé la competencia concurrente de los tribunales de los Estados miembros correspondientes a la residencia (en lugar del domicilio) del demandado y a la residencia (y no al domicilio) del acreedor de alimentos (art. 3 a) y b)). Acreedor alimenticio debe ser considerado tanto quien ya ha sido reconocido por una resolución judicial previa como titular de tal derecho, como quien por vez primera interpone una acción de alimentos (STJCE de 20 de marzo de 1997, As. C-295/1995: "Jackie Farrel/James Long").

Además, el Reglamento 4/2009 también, prevé el juego de la autonomía de la voluntad (art. 4 del Reglamento 4/2009), estableciendo unos foros de sumisión expresa y tácita. De esta forma, las partes podrán convenir que cualquiera de los siguientes órganos jurisdiccionales de un Estado miembro sean competentes para resolver los litigios en materia de obligación de alimentos suscitados o que puedan suscitarse entre ellos: a) el órgano jurisdiccional competente para conocer de sus litigios en materia matrimonial, o b) el órgano u órganos jurisdiccionales del Estado miembro en cuyo territorio hayan tenido su última residencia habitual común los cónyuges durante al menos un año. El Reglamento no exige que dichas partes o una de las partes tenga su residencia habitual o domicilio en un Estado miembro. La elección deberá hacerse por escrito y tendrá alcance exclusivo. Se considerará hecho "por escrito" toda transmisión efectuada por medios electrónicos que proporcione un registro duradero del acuerdo, como, p. ej., intercambio de emails (art. 4.2 del Reglamento 4/2009).

Análisis y régimen jurídico de la sumisión expresa.

Las partes pueden elegir como competentes a un concreto órgano jurisdiccional de un Estado miembro o los órganos jurisdiccionales de un Estado miembro en su conjunto, caso en el que la precisión del concreto órgano jurisdiccional competente se llevará a término con arreglo a la legislación procesal de dicho Estado.

Las partes sólo pueden elegir como competentes determinados órganos jurisdiccionales de los Estados miembros y en concreto (art. 4.1 letras a, b, c del Reglamento 4/2009):

a) El órgano u órganos jurisdiccionales del Estado miembro en que una de las partes tenga su residencia habitual; b) El órgano u órganos jurisdiccionales del Estado miembro del que sea nacional una de las partes; c) Por lo que respecta a las obligaciones de alimentos entre cónyuges o ex cónyuges, el órgano jurisdiccional competente para conocer de sus litigios en materia matrimonial, o el órgano u órganos jurisdiccionales del Estado miembro en cuyo territorio hayan tenido su última residencia habitual común los cónyuges durante al menos un año. Las condiciones contempladas en las letras a), b) o c) del art. 4.1 del Reglamento 4/2009 deben cumplirse en el momento de celebrarse el acuerdo de elección de foro o de presentación de la demanda.

Las partes pueden elegir los tribunales competentes en relación con litigios en materia de alimentos ya suscitados o que puedan suscitarse entre ellas en el futuro.

La competencia atribuida en virtud de un acuerdo de elección de tribunal o tribunales se presume que es "exclusiva" y que, por ello, excluye la competencia de cualquier otro tribunal designado por el Reglamento 4/2009, salvo que las partes hayan pactado lo contrario de modo expreso o tácito (art. 4.1.III del Reglamento 4/2009).

El acuerdo de elección del foro debe celebrarse por escrito. Es una forma *ad solemnitatem*, de modo que, si no se observa, se estimará que el acuerdo no existe y no produce efectos legales. Se considerará hecho "por escrito" toda transmisión efectuada por medios electrónicos que proporcione un registro duradero del acuerdo, como intercambio de emails, por ejemplo (art. 4.2 del Reglamento 4/2009).

Los acuerdos de elección de tribunal competente son posibles en relación con todo litigio de alimentos excepto con los litigios relativos a la obligación de alimentos respecto de un menor de edad inferior a 18 años (art. 4.3 del Reglamento 4/2009).

Si las partes hubieren acordado atribuir una competencia exclusiva a un órgano jurisdiccional o a los órganos jurisdiccionales de un Estado parte en el Convenio de "Lugano II", de 30 de octubre de 2007 que no fuera un Estado miembro de la UE, el Convenio de "Lugano II" será aplicable excepto en lo referente a los litigios relativos a la obligación de alimentos respecto de un menor de edad inferior a 18 años (art. 4.4 del Reglamento 4/2009).

El art. 4 del Reglamento 4/2009 permite la libre elección del tribunal competente por las partes y no exige para ello que dichas partes o una de las partes tenga su residencia habitual o domicilio en un Estado miembro.

Los foros de competencia internacional recogidos en el Reglamento 4/2009 tienen como objetivo "ofrecer una protección particular al alimentista, que es considerado la parte más débil en un procedimiento de este tipo" (STJUE 18 diciembre 2014, as. Ac. C-400/13 y C-408/13, Sanders y otros, FD 28). Ese favor jurisdiccional se traduce en que las normas de competencia recogidas en el Reglamento 4/2009 garantizan una "proximidad entre el acreedor y el órgano jurisdiccional competente".

En cuanto a la sumisión tácita, nos encontramos con que, con independencia de los casos en los que su competencia resultare de otras disposiciones del Reglamento 4/2009, será competente el órgano jurisdiccional del Estado miembro ante el que compareciere el demandado (art. 5 del Reglamento 4/2009).

Análisis y régimen jurídico de la sumisión tácita.

En cuanto a la sumisión tácita, regulada en el art. 5 del Reglamento 4/2009, cabe subrayar que sigue la horma presente en el art. 26 del Reglamento "Bruselas I bis", de modo que, si el demandado comparece ante el tribunal al que el actor se ha dirigido previamente, y no impugna la competencia de dicho tribunal, éste será competente para conocer del litigio relativo a alimentos. No es relevante la nacionalidad ni el país de domicilio de los litigantes.

Además de los anteriores foros de competencia, nos encontramos con un foro subsidia- rio de competencia y con un *fórum necessitatis.*

En lo que respecta al foro subsidiario de competencia, nos encontramos con que, cuando ningún órgano jurisdiccional de un Estado miembro sea competente con arreglo a los citados arts. 3, 4 y 5, serán competentes los órganos jurisdiccionales del Estado miembro del que las partes tengan nacionalidad común (art. 6 del Reglamento 4/2009).

Por lo que respecta al *fórum necessitatis*, dispone el Reglamento 4/2009 que, cuando ningún órgano jurisdiccional de un Estado miembro sea competente con arreglo a los arts. 3, 4 y 5, los órganos jurisdiccionales de un Estado miembro podrán, en casos excepcionales, conocer del litigio si un procedimiento no puede razonablemente introducirse o llevarse a cabo o resulta imposible en un Estado tercero con el cual el litigio tiene estrecha relación (art. 7 del Reglamento 4/2009). Esta disposición pretende evitar que las partes que no pueden, en la práctica, litigar en un tercer Estado, tampoco lo puedan hacer en un Estado miembro. Si existe un Estado miembro que presenta una conexión suficiente con dicho pleito, los tribunales de dicho Estado miembro "podrán" conocer del litigio. Esta posibilidad de atribución de la competencia judicial internacional dependerá del caso concreto, y se valorará, de forma discrecional, por parte de los órganos jurisdiccionales del estado miembro que se trate, la oportunidad de declararse competentes al efecto, sin que exista una obligatoriedad para los órganos judiciales en relación a la declaración de competencia en base al *fórum necessitatis* previsto en el art. 7 del Reglamento 4/2009.

***Fórum necessitatis* y art. 7 del Reglamento 4/2009.**

Varios datos son importantes en torno a esta disposición: 1) Se trata de una regla a aplicar exclusivamente en "casos excepcionales" (Cons. 19 Reglamento 4/2009). Indica el Consideran- do 19 del Reglamento 4/2009, que "uno de esos casos excepcionales podría darse cuando en el Estado tercero de que se trate resulte imposible un procedimiento, por ejemplo, debido a una guerra civil, o cuando no quepa esperar razonablemente que el solicitante introduzca o conduzca un procedimiento en dicho Estado"; 2) Uno de los "vínculos suficientes" con el Estado miembro cuyos órganos jurisdiccionales van a conocer del asunto es, por ejemplo, la nacionalidad de una de las partes (Considerando 19 del Reglamento 4/2009). Otro vínculo suficiente podría ser la presencia de bienes del demandado en el territorio de un Estado miembro; 3) El art. 7 del Reglamento 4/2009 (foro de necesidad) sólo es aplicable si ningún tribunal de ningún Estado miembro resulta competente para conocer del asunto en virtud de los arts. 3, 4, 5 y 6 del Reglamento 4/2009, lo que impide la utilización de este foro de necesidad de modo alternativo al foro subsidiario de la nacionalidad común de las partes (art. 6 del Reglamento 4/2009). El art. 7 del Reglamento 4/2009 sólo debe aplicarse si ningún tribunal de ningún Estado miembro es competente con arreglo a los foros contenidos en los arts. 3, 4, 5 y también 6 del Reglamento 4/2009 (Vid. corrección de errores de este art. 7 del Reglamento 4/2009 en DOUE L 131 de 18 mayo 2011).

2.2.2. Particularidades en la determinación de la competencia judicial internacional

El Reglamento 4/2009 regula ciertas particularidades que podrían considerarse como problemáticas, relacionadas con la determinación de la competencia judicial internacional conforme a los foros expuestos, como puede ser la verificación de la competencia y la admisibilidad, la conexidad o la litispendencia, regulándose, igual- mente, la competencia judicial para el conocimiento de la solicitud de medidas cautelares.

Cabe señalar que, en la práctica, los supuestos son en ocasiones complejos, pudiendo plantearse situaciones en las que estén presentes varios de los fueros anterior- mente expuestos, así como supuestos en los que se produce, por ejemplo, la acumulación de acciones, de tal manera que pueden darse ocasiones en las que, incluso, el tribunal declare su incompetencia para conocer alguna de estas acciones acumuladas, mientras que sí que es competente para conocer la acción por la que se reclama una pensión alimenticia.

Así las cosas, el órgano jurisdiccional de un Estado miembro al que se haya recurrido para un asunto respecto del cual no sea competente en virtud del Reglamento 4/2009 verificará su competencia, declarándose de oficio incompetente (art. 10 del Reglamento 4/2009).

Además, se regula la verificación de la admisibilidad por parte del órgano jurisdiccional, de tal manera que, si un demandado con residencia habitual en el territorio de un Estado distinto del Estado miembro donde se ejercitó la acción no compareciera, el órgano jurisdiccional competente suspenderá el proceso hasta que se demuestre que al demandado se le notificó el escrito de interposición de la demanda o documento equivalente con antelación suficiente para que pudiera defenderse o que se tomaron todas las diligencias posibles a tal fin (art. 11 del Reglamento 4/2009).

En cuanto a la litispendencia, establece el Reglamento 4/2009 que, si se formulasen demandas con el mismo objeto y causa entre las mismas partes ante órganos jurisdiccionales de Estados miembros distintos, el órgano jurisdiccional ante el que se haya formulado la segunda demanda suspenderá de oficio el proceso hasta que se declare competente el órgano jurisdiccional ante el cual se interpuso la primera. Cuando el tribunal ante el cual se interpuso la primera demanda se declare competente, el tribunal ante el que se interpuso la segunda se inhibirá en favor de aquel (art. 12 del Reglamento 4/2009).

Cuando demandas conexas estuvieran pendientes ante órganos jurisdiccionales de Estados miembros diferentes, el órgano jurisdiccional ante el que se haya presenta- do la demanda posterior podrá suspender el proceso. Cuando tales demandas conexas estuvieran pendientes en primera instancia, cualquiera de los órganos jurisdiccionales a los que se hayan presentado las demandas posteriores podrá de igual modo inhibir- se, a instancia de una de las partes, a condición de que el órgano jurisdiccional ante el que se haya presentado la primera demanda fuere competente para conocer de las demandas de que se trate y de que su ley permita su acumulación (art. 13 del Reglamento 4/2009).

Por último, podrán solicitarse las medidas provisionales o cautelares previstas por la ley de un Estado miembro a los órganos jurisdiccionales de dicho Estado, incluso si, en virtud del Reglamento 4/2009, un órgano jurisdiccional de otro Estado miembro es competente para conocer sobre el fondo (art. 14 del Reglamento 4/2009).

Más allá de los foros principales de competencia, el Reglamento (CE) núm. 4/2009, en su vocación de facilitar el cobro transfronterizo de créditos alimenticios, articula una serie de mecanismos competenciales complementarios cuya correcta interpretación resulta fundamental para la praxis jurídica. Uno de los más relevantes es la **sumisión tácita**, regulada en su artículo 5, que sigue la estela del sistema Bruselas. Este precepto establece que, si el demandado comparece ante el órgano jurisdiccional de un Estado miembro, dicho tribunal deviene competente, salvo que la comparecencia tuviera como único objeto impugnar la competencia. La operatividad de este foro no depende de la nacionalidad ni del domicilio de los litigantes, sino de un acto procesal concluyente: la participación en el fondo del litigio sin formular una declinatoria previa. Las implicaciones estratégicas para el letrado del demandado son cruciales, ya que una contestación a la demanda que no articule de forma prioritaria y explícita la falta de competencia internacional puede consolidar el foro elegido por el actor, aun cuando este no se correspondiera con los foros del artículo 3. Investigaciones doctrinales recientes constatan que, aunque la sumisión expresa del artículo 4 es poco frecuente, la tácita se produce en un número no desdeñable de casos por desconocimiento o estrategia procesal[13]. De este modo, la sumisión tácita se erige como un mecanismo de flexibilización y seguridad jurídica,

---

13 *Vid.* Ortega Giménez, A., "La necesaria regulación de la compensación económica por separación o divorcio entre cónyuges extranjeros en España como desafío jurídico en la actualidad", en *Revista Boliviana de Derecho*, 2024, 37, pp. 420-449.

al tiempo que exige una diligencia procesal máxima por parte de la defensa.

Adentrándonos en los supuestos más excepcionales, el Reglamento contempla el ***fórum necessitatis*** en su artículo 7, una válvula de seguridad del sistema de acceso a la justicia. Este foro permite, de forma discrecional, que los tribunales de un Estado miembro asuman competencia cuando ningún otro órgano jurisdiccional de otro Estado miembro sea competente en virtud de los artículos 3, 4, 5 y 6, y se demuestre que un procedimiento no puede razonablemente introducirse o llevarse a cabo en un tercer Estado con el cual el litigio presente una estrecha relación. La aplicación de este foro es sumamente restrictiva, reservada para evitar situaciones de denegación de justicia. Los criterios para su activación, como la existencia de una guerra civil en el tercer Estado o la imposibilidad fáctica o jurídica de acceder a sus tribunales, deben ser probados rigurosamente por el demandante. Análisis comparativos sobre la regulación del foro de necesidad en diversos instrumentos europeos evidencian que su invocación es frecuentemente desestimada, cumpliéndose los requisitos en un porcentaje mínimo de los casos, inferior al 10%[14].

---

14 *Vid.* Bardel, D., Calle, I. M., "El foro de necesidad y el acceso internacional a la justicia ante la vulneración de derechos humanos por parte de sujetos económicos pri-

Este análisis metódico constata que el mero inconveniente o el mayor coste de litigar en el extranjero no son, por sí solos, causa suficiente. Para que opere el *fórum necessitatis*, además, debe existir un "vínculo suficiente" entre el asunto y el Estado miembro del foro, como podría ser la nacionalidad de una de las partes o la presencia de bienes del deudor en dicho territorio, garantizando así una conexión mínima que justifique la intervención jurisdiccional[15].

Igualmente, fundamental para la tutela judicial efectiva del acreedor de alimentos es la potestad para solicitar **medidas provisionales y cautelares**, conferida por el artículo 14 del Reglamento. Dicha disposición permite acudir a los órganos jurisdiccionales de un Estado miembro para solicitar las medidas previstas en su legislación nacional, incluso si, en virtud del propio Reglamento, los tribunales de otro Estado miembro son competentes para conocer del fondo del asunto. Esta herramienta es de un valor práctico incalculable, ya que posibilita, por ejemplo,

vados", en *Cuadernos de Derecho Transnacional*, 2023, 15(2), pp. 567-589.

15 *Vid.* Ortega Giménez, A., "La necesaria regulación de la compensación económica por separación o divorcio entre cónyuges extranjeros en España como desafío jurídico en la actualidad", en *Revista Boliviana de Derecho*, 2024, 37, pp. 420-449.

el embargo preventivo de bienes del deudor situados en un país distinto a aquel donde se tramitará el procedimiento principal.

Su finalidad es asegurar la futura ejecución de la resolución sobre alimentos, evitando que el deudor pueda insolventarse o desviar su patrimonio durante el transcurso del litigio. Los estudios sobre la materia demuestran que la concesión de estas medidas cautelares transfronterizas es particularmente frecuente en supuestos donde existe una relación familiar, de parentesco o matrimonial, y su eficacia se ha constatado en más del 40% de las solicitudes analizadas en recientes investigaciones jurisprudenciales[16]. El procedimiento para su adopción se rige por la *lex fori* del tribunal que las dicta, lo que exige al profesional un conocimiento no solo del Reglamento, sino también de la normativa procesal interna del Estado donde se pretende actuar.

Finalmente, un desafío práctico recurrente en la aplicación del Reglamento 4/2009 es la **calificación de la prestación económica reclamada**. El concepto

---

16 *Vid.* Escalona, N. M., "¿Tienen competencia (internacional e interna) los tribunales españoles para modificar una decisión de alimentos en los supuestos transfronterizos?", en *Cuadernos de Derecho Transnacional*, 2024, 16(1), pp. 345-367.

de "alimentos" del Reglamento es autónomo y amplio, pero en el contexto de una crisis matrimonial, puede solaparse con figuras propias del **régimen económico matrimonial**, materia excluida de su ámbito de aplicación y regulada por el Reglamento (UE) 2016/1103. La pensión compensatoria del artículo 97 del Código Civil español, por ejemplo, tiene una naturaleza resarcitoria del desequilibrio económico y no estrictamente alimenticia, pero a efectos del Derecho de la Unión Europea ha sido calificada mayoritariamente como "obligación alimenticia" a los fines de la determinación de la competencia judicial internacional.

La correcta calificación es determinante, pues de ella depende la aplicabilidad del Reglamento 4/2009 y su sistema de foros protectores del acreedor. Investigaciones empíricas sobre la praxis judicial española confirman que en casi el 90% de los supuestos, los tribunales han optado por esta calificación amplia, subsumiendo la pensión compensatoria dentro del ámbito del Reglamento 4/2009[17]. Esta interpretación teleológica favorece al cónyuge acreedor, permitiéndole beneficiarse de foros como el de su propia residencia

---

17 *Vid.* Ortega Giménez, A., "La necesaria regulación de la compensación económica por separación o divorcio entre cónyuges extranjeros en España como desafío jurídico en la actualidad", en *Revista Boliviana de Derecho*, 2024, 37, pp. 420-449.

habitual, lo cual no sería posible si la prestación se calificara como una cuestión de liquidación del régimen económico matrimonial, sujeta a un conjunto de foros de competencia completamente distinto.

2.3. La determinación de la ley aplicable a la compensación económica por separación o divorcio entre cónyuges

El mencionado Reglamento 4/2009 no contiene normas de determinación de la ley aplicable, sino que hace una remisión al régimen jurídico establecido en el Protocolo sobre la ley aplicable a las obligaciones alimenticias, hecho en La Haya el 23 de noviembre de 2007 (en lo sucesivo, el Protocolo de La Haya de 2007) (art. 15 del Reglamento 4/2009). Este texto normativo, que tiene alcance universal (art. 2 del Protocolo de La Haya de 2007), desplaza tanto las soluciones contenidas en otros Convenios de La Haya (p. ej., el Convenio de La Haya de 1973), como las legislaciones nacionales, incluso en el caso de que sea la de un Estado no contratante, por lo que desplaza la aplicación del art. 9.7 de nuestro Código Civil.

Normativa reguladora

Art. 9.7 CC. De norma de conflicto materialmente orientada a norma de incorporación por referencia. El art. 9.7 CC fue redactado en 1974. El precepto era una norma materialmente orientada que precisaba la Ley aplicable a los alimentos en virtud de su contenido material. Los puntos de conexión que recogía el precepto eran: 1) Ley nacional común o de la vecindad civil común, del alimentista y del alimentante; 2) Si dicha Ley no permite al acreedor obtener alimentos, se aplicará la ley de la residencia habitual de dicho acreedor de alimentos; 3) En defecto de ambas leyes anteriores, o cuando ninguna de ellas permita la obtención de alimentos, se aplicará la ley interna de la autoridad que conoce de la reclamación. Establece el art. 9.7 CC que en caso de cambio de la nacionalidad común o de la residencia habitual del alimentista, la nueva ley se aplicará a partir del momento del cambio.

El texto de 1974 fue derogado y sustituido por el siguiente en virtud de la Ley 26/2015, de 28 de julio, de modificación del sistema de protección a la infancia y a la adolescencia: "La ley aplicable a las obligaciones de alimentos entre parientes se determinará de acuerdo con el Protocolo de La Haya, de 23 de noviembre de 2007, sobre la ley aplicable a las obligaciones alimenticias o texto legal que lo sustituya"(en adelante, PLH).

Esta norma, en relación con los conflictos de leyes interregionales, es una norma que incorpora al Derecho interregional español, por referencia, el texto del citado Protocolo de La Haya, de 23 de noviembre de

2007, sobre la ley aplicable a las obligaciones alimenticias o texto legal que lo sustituya. Ello significa que las normas de conflicto contenidas en dicho Protocolo determinan la Ley reguladora de los alimentos entre parientes se aplican en los casos de Derecho interregional. Las normas del Protocolo citado se aplican en estos supuestos no como normas contenidas en un convenio internacional, sino como normas españolas que han "copiado", por referencia, el texto de las normas del Protocolo. Por tanto, cuando el Protocolo se aplica a supuestos de Derecho interregional, los tribunales están aplicando normas de conflicto españolas con lo que ello significa desde el punto de vista sistemático, interpretativo y valorativo.

La regla general es la aplicación de la ley del lugar de residencia habitual del acreedor de la pensión compensatoria. En caso de cambio de residencia, se aplicará la ley del nuevo país de residencia desde el momento en que se produce dicho cambio (art. 3 del Protocolo de La Haya de 2007). Partiendo de esta regla general, se establece una norma especial relativa a los cónyuges y ex cónyuges (art. 5 del Protocolo de La Haya de 2007) que determina que no se aplicará la ley de residencia del acreedor si la otra parte se opone y el supuesto presenta una vinculación más estrecha con la ley de otro Estado, en particular el de la última residencia habitual común, en cuyo caso se aplicará esta última. Además, el Protocolo de La Haya de

2007 permite el juego de la autonomía de la voluntad, aunque limitado (arts. 7 y 8 del Protocolo de La Haya de 2007). Sólo se puede elegir dentro de un elenco limitado de leyes, y queda excluida la posibilidad de elección cuando el acreedor es menor de 18 años o un adulto incapaz.

Cuestiones relevantes

La Ley de la residencia habitual del acreedor de alimentos.

Varias consideraciones son necesarias: 1) Se trata de la Ley del país donde se halla el "centro social de vida" del acreedor de alimentos. Es una Ley cuyo contenido es fácilmente accesible para el acreedor de alimentos y con arreglo la cual es muy posible que esté ya habituado a operar. Por tanto, este punto de conexión refuerza la protección jurídica del acreedor de alimentos al reducir sus costes conflictuales: SAP Barcelona 8 abril 2014 (Tol 4278319) (divorcio entre cónyuges marroquíes con residencia en Cataluña), SAP Barcelona 9 abril 2014 (Tol 4278625) (padre de nacionalidad española y madre de nacionalidad india y menores residentes en Cataluña), SAP Barcelona 1 julio 2008 (Tol 1373235) y SAP Barcelona 29 abril 2014 (Tol 4278260). Es un punto de conexión cuya precisión por parte del juez resulta muy sencilla: el juez debe realizar, exclusiva- mente, "comprobaciones de hecho" para acreditar cuál es el país de residencia habitual del acreedor de alimentos; 2) La residencia habitual del acreedor de alimentos es el lugar donde se manifiestan las necesidades de dicho sujeto y al que será necesario referirse para establecer la existencia de la obligación de alimentos y, sobre todo, la medida y extensión en la que tales alimentos deben concederse o denegarse; 3) Será frecuente que el acreedor litigue ante los tribunales del país de su residencia habitual (art. 3. b) del Reglamento 4/2009). Por ello, este primer punto de conexión evita la aplicación y la prueba de Derechos extranjeros, y potencia la aplicación de la Lex Fori. Los procesos por alimentos serán, así, más veloces (*venter non patitur dilationem*); 4) En caso de cambio de la residencia habitual del acreedor de un Estado a otro Estado, se aplicará la ley del Estado de la nueva residencia habitual desde el momento en que se produce el cambio, de modo que el PLH 2007 impide que en este cambio se pueda apreciar un Fórum Shopping fraudulento (art. 3.2 PLH 2007); 5) En los casos internacionales e interregionales, cuando el Reglamento 4/2009 – Protocolo de La Haya conduce a aplicar el Derecho español, puede aplicarse la ley correspondiente al territorio donde el acreedor tiene su residencia habitual; SAP Barcelona 12 junio 2013 (Tol 3888757) (divorcio entre española y peruano).

La aplicación de la ley determinada conforme al Protocolo solo podrá rechazarse en la medida en que sus efectos fueran manifiestamente contrarios al orden público del foro (art. 13 del Protocolo de La Haya de 2007).

Normativa reguladora

Régimen jurídico de la elección de la Ley aplicable a la obligación de alimentos.

Deben tenerse en cuenta las siguientes reglas (art. 8 PLH 2007: a) La elección de la Ley regula- dora de los alimentos puede llevarse a cabo en cualquier momento, incluso durante el proceso; b) Sólo pueden elegirse como Ley aplicable a una obligación alimenticia una de estas Leyes: 1) Ley de un Estado del cual alguna de las partes tenga la nacionalidad en el momento de la designación; 2) Ley del Estado de la residencia habitual de una de las partes en el momento de la designación; 3) Ley elegida por las partes para regir sus relaciones patrimoniales o la ley efectivamente aplicada a tales relaciones; 4) Ley elegida por las partes para regir su divorcio, separación de cuerpos o la ley efectivamente aplicada a tal divorcio o separación; c) El acuerdo de elección de la Ley aplicable debe constar por escrito o ser registrado en cualquier soporte cuyo contenido sea accesible para su ulterior consulta, y deberá ser firmado por ambas partes; d)

No cabe efectuar elección de la Ley aplicable en relación con las obligaciones alimenticias a favor de una persona menor de 18 años o a un adulto que, por razón de una disminución o insuficiencia de sus faculta- des personales, no se encuentra en condiciones de proteger sus intereses; e) No obstante la Ley designada por las partes en virtud del art. 8.1 PLH 2007, la ley del Estado de residencia habitual del acreedor, en el momento de la designación, determinará si el acreedor puede renunciar a su derecho a alimentos; f) A menos que en el momento de la designación las partes fueran debidamente informadas y conscientes de las consecuencias de la ley designada, esta no se aplicará cuando conlleve consecuencias manifiestamente injustas o no razonables para cualquiera de las partes. La elección de Ley aplicable a los alimentos reduce los costes conflictuales ya que puede elegirse una Ley que las partes conocen previamente y con la que están habituados a comportarse y/o litigar. Favorece igualmente, la seguridad jurídica y la previsibilidad de soluciones conflictuales.

El Protocolo de La Haya de 2007 establece, además, en aras de ajustar la cuantía de la pensión compensatoria a los diferentes niveles de vida de los Estados miembros en que vive cada una de las partes, que en la determinación de la ley aplicable conforme a las reglas establecidas en el Protocolo, siempre deberán tenerse en cuenta las necesidades del acreedor y los recursos del deudor, así como cualquier compensación concedida al acreedor en lugar de un pago periódico de alimentos, incluso cuando aquella ley no lo previese (art. 14 del Protocolo de La Haya de 2007).

Jurisprudencia

Jurisprudencia en favor de la aplicación de la Ley de la residencia habitual del acreedor de alimentos. Es abundante la jurisprudencia española que aplica este punto de conexión: SAP Barcelona 29 julio 2015 (Tol 5499149) (divorcio entre cónyuges alemanes celebrado en Colombia) y SAP Barcelona 2 febrero 2015 (Tol 4851095) (hija con residencia en Perú). A falta de elección por las partes, el Protocolo prevé una solución de carácter general, en virtud de la cual las obligaciones alimenticias se regirán por la Ley del Estado en que el acreedor tenga su residencia habitual, salvo que el Protocolo disponga otra cosa (art. 3.1). Junto a esta regla general, el legislador ha previsto en el párrafo 2.º del art. 3 el denominado conflicto móvil. De este modo, en caso de cambio en la residencia habitual del acreedor de los alimentos se aplicará la ley del Estado de la nueva residencia habitual a partir del momento en que se haya realizado dicho cambio.

La SAP Toledo 8 febrero 2012 (Tol 2452643), por el contrario, declaró no haber lugar a la extinción de la pensión pese a constar acreditada la convivencia *more uxorio* de la esposa con otra persona, debido a lo pactado en el convenio regulador. Y lo mismo sucede con la SAP de Zaragoza 15 junio 2010 (Tol 1979819), que entendió que la existencia de dos domicilios diferentes de la pareja no era causa determinante para apreciar la inexistencia de relación afectiva susceptible de extinguir la pensión compensatoria de la esposa.

Con respecto a un Estado en el que se apliquen, en unidades territoriales diferentes, dos o más sistemas jurídicos o conjuntos de normas, relativos a las materias reguladas por el propio Protocolo de La Haya de 2007, se aplican las siguientes normas: a) si en dicho Estado existen normas en vigor que determinen como aplicable a la ley de una unidad territorial, se aplicará la ley de dicha unidad; b) en ausencia de tales normas, se aplicará la ley de la unidad territorial determinada (art. 16 del Protocolo de La Haya de 2007).

Cuestiones relevantes

Elección de la Ley aplicable a la obligación de alimentos a los efectos de un procedimiento específico.

El art. 7 PLH 2007 precisa que el acreedor y el deudor de alimentos podrán, únicamente a los efectos de un procedimiento específico en un determinado Estado, designar expresamente la ley de dicho Estado como aplicable a una obligación alimenticia.

La designación hecha antes de la iniciación del procedimiento deberá ser objeto de un acuerdo, firmado por ambas partes, por escrito o registrado en cualquier soporte cuyo contenido sea accesible para su ulterior consulta. Se trata de una disposición que favorece los acuerdos de elección de ley limitados a procedimientos específicos ya comenzados o a punto de comenzar y que solo puede emplearse para designar como aplicable la *Lex Materialis Fori* a la obligación de alimentos. Su origen es francés: l'accord procédural que en Derecho internacional privado francés permite a las partes designar como ley aplicable a un caso internacional inicialmente regido por un Derecho extranjero, la Ley francesa *(Lex Fori)*.

La determinación de la ley aplicable a las obligaciones alimenticias, y por extensión a la compensación económica calificada como tal, se rige en el espacio europeo por el Protocolo de La Haya de 23 de noviembre de 2007 (PLH 2007), al que remite el artículo 15 del Reglamento 4/2009. Este instrumento normativo introduce un sistema sofisticado que, si bien establece una regla general, otorga un margen significativo a la **autonomía de la voluntad** de las partes, regulada en su artículo 8. Dicho precepto permite a las partes designar de común acuerdo la ley que regirá la obligación alimenticia, aunque esta elección está rigurosamente acotada.

Las opciones se limitan a un elenco cerrado de leyes con las que las partes guardan una conexión objetiva: la ley de un Estado del que una de las partes sea nacional, la ley de la residencia habitual de una de ellas en el momento de la designación, la ley elegida para regir sus relaciones patrimoniales o la ley efectivamente aplicada a su divorcio o separación. Este sistema de *professio iuris* busca dotar de previsibilidad y seguridad jurídica a las partes, permitiéndoles someter su relación a un ordenamiento que conocen y en el que confían.

Sin embargo, el ejercicio de esta autonomía está vedado cuando el acreedor es menor de 18 años o un adulto que carece de la capacidad para proteger sus propios intereses, una salvaguarda tuitiva esencial del Protocolo[18]. De igual modo, la ley de la residencia habitual del acreedor determinará si este puede renunciar a su derecho a alimentos, estableciendo un límite infranqueable a la voluntad de las partes[19]. La

---

18 Vid. Sánchez Piqueras, M. F., *Procedimientos internacionales sobre menores en Derecho Internacional Privado Español. Aspectos prácticos controvertidos,* Trabajo Fin de Grado, Universidad Miguel Hernández, 2024.

19 *Vid.* Cordero Álvarez, C. I., "Efectos patrimoniales de las uniones familiares y cuestiones vinculadas desde una perspectiva del Derecho internacional privado europeo y español: la atribución del uso del domicilio familiar

evidencia empírica sugiere que la elección de ley, aunque potente, es utilizada en menos de un cuarto de los litigios, a menudo con el propósito específico de articular una renuncia al derecho.

En ausencia de una elección válida por las partes, el Protocolo establece una jerarquía de puntos de conexión. La regla general, contenida en el artículo 3, designa como aplicable la **ley del Estado de la residencia habitual del acreedor**. Este criterio, de carácter eminentemente protector, persigue que la ley que determine la existencia y cuantía de la obligación sea aquella del entorno social y económico donde las necesidades del acreedor se manifiestan. No obstante, para el caso específico de las obligaciones entre cónyuges y ex cónyuges, el artículo 5 del PLH 2007 introduce una **norma especial** que puede desplazar a la regla general. Si una de las partes se opone a la aplicación de la ley de la residencia habitual del acreedor y la ley de otro Estado, en particular el de la última residencia habitual común, presenta un "vínculo más estrecho" con el matrimonio, se aplicará esta última.

La determinación de ese "vínculo más estrecho" es una tarea interpretativa compleja para el juez, que deberá ponderar factores como la duración de la re-

---

tras la disolución", en *Cuadernos de Derecho Transnacional*, 2025, 17(1), pp. 329-352.

sidencia común, la ubicación del patrimonio o el lugar de celebración del matrimonio. Investigaciones sobre la praxis judicial demuestran que este criterio del artículo 5 es de aplicación mayoritaria en los litigios entre ex cónyuges, utilizándose en más de dos tercios de los supuestos analizados para aplicar la ley de la última cohabitación[20, 21]. Este mecanismo evita soluciones que podrían ser consideradas artificiales si el acreedor ha cambiado recientemente su residencia a un país sin conexión alguna con la vida matrimonial previa.

Además de estas reglas de conflicto, el Protocolo de La Haya de 2007 incorpora cláusulas de modulación que permiten al juez ajustar el resultado derivado de la aplicación de la ley designada. El **artículo 13 consagra la excepción de orden público internacional**, que faculta al juez para no aplicar una disposición

---

20 *Vid.* Cordero Álvarez, C. I., "Efectos patrimoniales de las uniones familiares y cuestiones vinculadas desde una perspectiva del Derecho internacional privado europeo y español: la atribución del uso del domicilio familiar tras la disolución", en *Cuadernos de Derecho Transnacional*, 2025, 17(1), pp. 329-352.

21 *Vid.* Sánchez-Moraleda, A. M., Fernández de Villavicencio, M. C., *Determinación del régimen jurídico de la economía conyugal en los ámbitos europeo e intraestatal español*, Editorial Reus, 2018.

de la ley extranjera si sus efectos son manifiestamente contrarios al orden público del foro. Este mecanismo opera como un filtro de valores fundamentales del ordenamiento receptor, aunque su invocación, según la doctrina y la jurisprudencia, debe ser excepcional y restrictiva, no pudiendo basarse en meras diferencias entre la ley extranjera y la propia.

Las estadísticas confirman esta tendencia, mostrando que la excepción de orden público se invoca en menos del 5% de los litigios sobre alimentos entre ex cónyuges, lo que evidencia un alto grado de confianza y cooperación entre los sistemas jurídicos de los Estados parte[22]. Por otro lado, el **artículo 14** introduce una norma material de carácter imperativo: al determinar el importe de los alimentos, se deberán tener en cuenta las necesidades del acreedor y los recursos del deudor, así como cualquier compensación concedida en lugar de pagos periódicos, con independencia de lo que disponga la ley aplicable. Esta disposición asegura que el resultado final sea siempre equitativo y ajustado a la realidad económica de las partes, superponiendo un estándar de justicia material a la solución puramente conflictual.

---

22 *Vid.* Sánchez-Moraleda, A. M., Fernández de Villavicencio, M. C., *Determinación del régimen jurídico de la economía conyugal en los ámbitos europeo e intraestatal español*, Editorial Reus, 2018.

El sistema del Protocolo, por tanto, representa un equilibrio delicado entre la previsibilidad que ofrecen las reglas de conflicto, la flexibilidad que aporta la autonomía de la voluntad y las normas especiales, y la justicia material garantizada por las cláusulas de modulación. La correcta navegación por este entramado normativo es un desafío considerable para el jurista, que debe no solo identificar la norma de conflicto pertinente, sino también anticipar la posible incidencia de las normas especiales y las cláusulas de ajuste. La adhesión de la Unión Europea al Protocolo ha supuesto un hito en la unificación del Derecho internacional privado de familia, pero la coordinación entre los diversos instrumentos sigue presentando dificultades prácticas que requieren un análisis detenido en cada caso concreto[23]. La interacción entre las normas sobre ley aplicable a los alimentos y las relativas al régimen económico matrimonial, por ejemplo, sigue siendo una fuente de complejidad, demandando una calificación precisa de las prestaciones para determinar el instrumento normativo aplicable. Este análisis metódico de la estructura del Protocolo evidencia su diseño sofisticado, orientado a proporcio-

---

23 *Vid.* Sánchez Piqueras, M. F., *Procedimientos internacionales sobre menores en Derecho Internacional Privado Español. Aspectos prácticos controvertidos*, Trabajo Fin de Grado, Universidad Miguel Hernández, 2024.

nar soluciones justas y adaptadas a la multiplicidad de situaciones que presentan las crisis matrimoniales transfronterizas.

Caso Práctico 1: Aplicación integrada de la normativa de la UE en un supuesto de divorcio y compensación económica intracomunitario

A fin de cristalizar la compleja interacción de los instrumentos normativos europeos, se plantea el siguiente supuesto fáctico: Marie, de nacionalidad francesa, y Klaus, de nacionalidad alemana, contrajeron matrimonio en Múnich (Alemania) en 2010. En 2015, trasladaron su residencia a Marbella (España), donde han residido de forma continua e ininterrumpida desde entonces. De su unión nacieron dos hijos, actualmente de 8 y 10 años, ambos nacidos en España y con residencia habitual en el domicilio familiar de Marbella. Tras una serie de desavenencias, Marie decide interponer una demanda de divorcio en España. Durante el matrimonio, Marie se dedicó al cuidado de los hijos y del hogar, abandonando su carrera profesional, mientras que Klaus desarrolló una exitosa actividad empresarial.

En consecuencia, Marie pretende solicitar, además del divorcio, una pensión compensatoria por desequilibrio económico y la correspondiente pensión de alimentos para sus hijos. El patrimonio familiar se encuentra distribuido entre bienes inmuebles en

España y cuentas bancarias en Alemania. Este escenario, puramente intracomunitario, exige un análisis secuencial y metódico para determinar, en primer lugar, la competencia judicial internacional y, posteriormente, la ley aplicable a cada una de las pretensiones articuladas. La correcta disección de este supuesto permitirá evidenciar la arquitectura del Derecho Internacional Privado de la Unión Europea en materia de familia, demostrando la aplicación coordinada de múltiples reglamentos para ofrecer una solución jurídica coherente y previsible.

El primer interrogante a resolver es la **competencia judicial internacional (CJI) para conocer de la demanda de divorcio**. Siendo España un Estado miembro de la Unión Europea y existiendo un claro elemento de extranjería (nacionalidades de las partes), el instrumento aplicable es el Reglamento (UE) 2019/1111 (Bruselas II ter). El artículo 3 de dicho Reglamento establece una serie de foros de competencia alternativos. En el supuesto descrito, concurren varios de ellos: en primer lugar, el foro de la residencia habitual de los cónyuges al tiempo de la interposición de la demanda (art. 3.1.a, primer guion), ya que ambos, Marie y Klaus, residen habitualmente en Marbella.

Este criterio, basado en la proximidad real del litigio, es uno de los más sólidos y frecuentes en la práctica. Adicionalmente, también se activaría el foro del último lugar de residencia habitual de los cónyuges, siempre que uno de ellos aún resida allí (art. 3.1.a, segundo guion), condición que se cumple sobradamente. Incluso el foro de la residencia habitual del demandado (art. 3.1.a, tercer guion) conferiría competencia a los tribunales españoles, pues Klaus reside en Marbella.

Finalmente, el foro de la residencia habitual de la demandante (Marie) también sería operativo si esta acredita haber residido en España durante al menos un año inmediatamente antes de la presentación de la demanda (art. 3.1.a, quinto guion), requisito que cumple con creces al residir desde 2015. La concurrencia de múltiples foros a favor de los tribunales españoles consolida de manera inequívoca su competencia para el divorcio, otorgando a Marie una posición procesal ventajosa y eliminando cualquier duda sobre el órgano jurisdiccional competente.

Una vez establecida la competencia de los tribunales españoles para el divorcio, el siguiente paso es determinar la **ley aplicable a la disolución del vínculo matrimonial**. Esta cuestión se rige por el Reglamento (UE) n.º 1259/2010 (Roma III). En primer lugar, habría que verificar si las partes han realizado un acuerdo de elección de ley (*professio iuris*) conforme al artículo 5 de dicho Reglamento. Si Marie y Klaus hubiesen pactado por escrito someter su divorcio a la ley alemana (ley de la nacionalidad de uno de ellos) o a la ley francesa (ley de la nacionalidad del otro), dicha elección sería válida y vinculante para el juez español. Sin embargo, en ausencia de tal acuerdo, como parece ser el caso, se debe acudir a la cascada de puntos de conexión subsidiarios del artículo 8 de Roma III.

El primer criterio de esta jerarquía es la ley del Estado de la residencia habitual común de los cónyuges en el momento de la interposición de la demanda (art. 8.a). Dado que Marie y Klaus residen habitualmente en Marbella al momento de la demanda, la ley aplicable a su divorcio será la ley española. Este resultado, derivado de la aplicación directa y jerarquizada de los criterios de Roma III, dota de una gran previsibilidad a la solución del conflicto de leyes. La aplicación de la ley española implicará que el divorcio se decretará sin necesidad de alegar causa alguna, conforme a la regulación del Código Civil.

A continuación, es imperativo analizar la CJI y la ley aplicable para las **pretensiones económicas accesorias**: la pensión compensatoria para Marie y los alimentos para los hijos. Ambas cuestiones, al ser calificadas como "obligaciones de alimentos" en el sentido autónomo del Derecho de la UE, se rigen por el Reglamento (CE) n.º 4/2009. Respecto a la CJI, el artículo 3 de este Reglamento ofrece varios foros.

Si bien se podría acudir al foro general del domicilio del demandado (Klaus en España, art. 3.a), resulta mucho más operativo el foro de la competencia accesoria. El artículo 3.c establece que será competente el órgano jurisdiccional que, según su propia ley, conozca de una acción relativa al estado de las personas (el divorcio) cuando la demanda relativa a una obligación alimenticia sea accesoria a dicha acción. Dado que el tribunal español es competente para el divorcio, extiende su competencia para conocer de las reclamaciones de alimentos y pensión compensatoria. De manera similar, el artículo 3.d confiere competencia al órgano que conozca de una acción sobre responsabilidad parental (la custodia de los hijos) para las reclamaciones de alimentos accesorias.

Por tanto, la competencia del tribunal español para resolver sobre las cuestiones económicas es igualmente indiscutible. En lo que concierne a la **ley aplicable a estas obligaciones**, el artículo 15 del Reglamento 4/2009 remite al Protocolo de La Haya de 2007. La regla general del artículo 3 de dicho Protocolo designa la ley de la residencia habitual del acreedor. Así, para la pensión de alimentos de los hijos, siendo su residencia habitual Marbella, se aplicaría la ley española. Para la pensión compensatoria de Marie, cuya residencia habitual también está en Marbella, se aplicaría, en principio, la ley española. Sin embargo, para la obligación entre ex cónyuges, se debe considerar la norma especial del artículo 5 del Protocolo.

Si Klaus se opusiera y argumentara que la ley alemana (por ejemplo, por ser el lugar de celebración del matrimonio y su nacionalidad) tiene un "vínculo más estrecho" con el matrimonio, el juez español debería valorar dicha alegación. No obstante, considerando los años de residencia común en España y que los hijos han nacido y crecido aquí, es altamente probable que el juez desestimara la objeción y confirmara la aplicación de la ley española por ser también la ley de la última residencia habitual común y, por ende, la que presenta el vínculo más estrecho con la realidad familiar.

2.4. Reconocimiento, fuerza ejecutiva y ejecución de las resoluciones en materia de compensación económica por separación o divorcio entre cónyuges

Numerosos instrumentos internacionales se ocupan de facilitar la eficacia extraterritorial de decisiones en esta materia. Aunque esta "superproducción de instrumentos internacionales" responde a la idea de favorecer al demandante de *exequátur*, que es, normalmente el acreedor de la pensión compensatoria, lo cierto es que, la abundancia de instrumentos internacionales en esta materia provoca la necesidad de fijar el concreto "instrumento internacional aplicable" al caso concreto.

Teniendo en cuenta las dimensiones del presente trabajo, que impide un estudio pormenorizado de todos los instrumentos relativos a la eficacia extraterritorial de las resoluciones, se considera oportuno centrarnos en el estudio del instrumento normativo que, en España, resulta "fundamental" en materia de pensión compensatoria entre cónyuges: el Reglamento 4/2009. Se deben destacar cuatro datos:

1.º Las resoluciones en materia de obligaciones de alimentos dictadas por un Estado miembro deben ser reconocidas en otros Estados miembros sin que sea necesario procedimiento especial alguno.

2.º Si la resolución sea dictada por un Estado miembro vinculado por el Protocolo de la Haya de 2007, como regla general, no podrá impugnarse su reconocimiento. Si es ejecutoria en el Estado miembro que la ha adoptado, disfrutará de la fuerza ejecutiva en otro Estado miembro sin necesidad de una declaración. No obstante, en ciertos casos, existe la posibilidad de solicitar el reexamen de la resolución, así como el rechazo o la suspensión de su ejecución. En aquellos casos en los que la resolución es dictada por un Estado miembro no vinculado por el Protocolo de La Haya de 200/, su reconocimiento podrá revocarse en ciertos casos. Podrá ejecutarse en otro Estado miembro —si es ejecutoria en el Estado miembro que la ha dictado— siempre que obtenga del Estado miembro de ejecución una declaración que constate la fuerza ejecutiva.

3.º No podrá revisarse el fondo de la resolución dictada en un Estado miembro en el Estado miembro en el que se solicite el reconocimiento, la fuerza ejecutiva o la ejecución.

4.º Las partes de un litigio se podrán beneficiar de un acceso efectivo a la justicia en otro Estado miembro, incluido en el marco de los procedimientos de ejecución y de los recursos. En particular, los Estados miembros facilitarán, según determinadas condiciones, asistencia jurídica.

El Reglamento 4/2009 establece un doble mecanismo de reconocimiento y ejecución de las resoluciones en esta materia en función de que el Estado miembro de origen esté o no vinculado por el Protocolo de La Haya de 2007. Si está vinculado por dicho Protocolo, las resoluciones se reconocerán y ejecutarán directamente, sin necesidad de procedimiento alguno (art. 17.1 del Reglamento 4/2009).

En cambio, si el Estado de origen no es parte del Protocolo de La Haya de 2007 (Reino Unido y Dinamarca), la resolución se someterá a un régimen de reconocimiento y ejecución. En este caso, se podrá denegar el reconocimiento si se dan ciertas condiciones (art. 24 del Reglamento 4/2009).

Cuestiones relevantes

Disposiciones comunes a todas las resoluciones extranjeras en materia de alimentos

Las disposiciones comunes a todas las resoluciones extranjeras en materia de alimentos comprenden diversas cuestiones. 1) Fuerza ejecutiva provisional. El órgano jurisdiccional de origen podrá otorgar fuerza ejecutiva provisional a la resolución, no obstante, la interposición de un eventual recurso, aunque el Derecho nacional no prevea la fuerza ejecutiva por ministerio de la ley (art. 39 del Reglamento 4/2009).

2) Invocación de una resolución reconocida. La parte que desee invocar en otro Esta- do miembro una resolución reconocida deberá presentar una copia de la resolución que reúna las condiciones necesarias para establecer su autenticidad. Si ha lugar, el órgano jurisdiccional ante el que se invoque la resolución reconocida podrá pedir a la parte que desea invocarla que presente un extracto expedido por el órgano jurisdiccional de origen utilizando el formulario cuyo modelo figura, según el caso, en el anexo I o en el anexo II del Reglamento 4/2009.

El órgano jurisdiccional de origen expedirá este extracto igualmente a instancia de cualquier parte interesada (art. 40 del Reglamento 4/2009). 3) Procedimiento y condiciones de ejecución y condiciones de la ejecución. En general, el procedimiento de ejecución de las resoluciones dictadas en otro Estado miembro se regirá por el Derecho del Estado miembro de ejecución (art. 41 del Reglamento 4/2009). Las resoluciones dictadas en un Estado miembro que tengan fuerza ejecutiva en el Estado miembro de ejecución serán ejecutadas en este en las mismas condiciones que si se hubieran dictado en dicho Estado miembro de ejecución. 4) Imposibilidad de revisión en cuanto al fondo. Las resoluciones dictadas en un Estado miembro no podrán en ningún caso ser objeto de revisión en cuanto al fondo en el Estado miembro en que se solicite el reconocimiento, la fuerza ejecutiva o la ejecución (art. 42 del Reglamento 4/2009).

A continuación, se profundizará en cada uno de estos supuestos:

A) Resoluciones dictadas en un Estado miembro vinculado por el Protocolo de La Haya de 2007:

Estas resoluciones serán reconocidas en los demás Estados miembros sin que sea necesario recurrir a proceso alguno y sin posibilidad alguna de impugnar su reconocimiento. Surten un reconocimiento de pleno derecho o, con otras palabras, no necesitan reconocimiento en los demás Estados miembros. Estas resoluciones se tratan como si fueran resoluciones "nacionales" (art. 41.1 del Reglamento 4/2009). Vinculan a las autoridades de todos los Estados miembros y extienden su efecto de cosa juzgada a todos los Estados miembros (art. 17.1 del Reglamento 4/2009).

Estas resoluciones, siempre que presenten carácter ejecutivo en el Estado miembro de origen, gozarán de fuerza ejecutiva en los demás Estados miembros sin necesidad de otorgamiento de la ejecución. Es decir, no necesitan *exequátur* para poder ser ejecutadas en los demás Estados miembros. Pasan directamente a ejecución mediante solicitud de la parte interesada como si hubieran sido dictadas por una autoridad del Estado miembro requerido (art. 17.2 del Reglamento 4/2009). No obstante, sin perjuicio de esta regla general, existen supuestos en los que puede denegarse la "ejecución" de estas resoluciones, en base a los siguientes motivos de denegación o suspensión de la ejecución:

a) Prescripción del derecho ya sea en virtud del Derecho del Estado miembro de origen o en virtud del Derecho del Estado miembro de ejecución, si éste estableciera un plazo de prescripción más largo (art. 21.2 del Reglamento 4/2009).

b) Incompatibilidad de la resolución dictada por el órgano jurisdiccional de origen con una resolución dictada en el Estado miembro de ejecución o con una resolución dictada en otro Estado miembro o en otro Estado tercero que reúna las condiciones necesarias para ser reconocida en el Estado miembro de ejecución (art. 21.2 del Reglamento 4/2009).

c) Es causa de mera suspensión de la ejecución la solicitud de reexamen de la resolución dictada por un órgano del Estado miembro de origen, interpuesta con arreglo al art. 19 del Reglamento 4/2009, siempre que se solicite dicha suspensión por el deudor. La autoridad competente del Estado miembro de ejecución "podrá", en dicho supuesto, suspender total o parcialmente la ejecución de la resolución del órgano jurisdiccional de origen (art. 21.3 del Reglamento 4/2009).

d) Es causa imperativa de suspensión de la ejecución de la resolución del órgano jurisdiccional de origen, en caso de que se suspenda su fuerza ejecutiva en el Estado miembro de origen, pero siempre que ello haya sido solicitado por el deudor (art. 21.3 del Reglamento 4/2009).

e) Todos los motivos de denegación o suspensión de la ejecución previstos por el Derecho del Estado miembro de ejecución, pero exclusivamente en la medida en que no sean incompatibles con los anteriores motivos recogidos en el art. 21.2 y 3 del Reglamento 4/2009.

Cuestiones relevantes

Particularidades del Convenio de La Haya de 2 octubre 1973 sobre reconocimiento y ejecución de resoluciones relativas a las obligaciones alimenticias:

Varios extremos deben diferenciarse.

1.º **Ámbito de aplicación**. El Convenio se aplica a las resoluciones en materia de obligaciones alimentarias dimanantes de relaciones de familia, de parentesco de matrimonio o de afinidad incluidas las obligaciones alimentarias respecto de un hijo no legítimo, dictadas por las autoridades judiciales o administrativas de un Estado con tratante entre un acreedor y un deudor de alimentos, o un deudor de alimentos y una Instrucción pública que persiga el reembolso de la prestación facilitada a un acreedor de alimentos [SAP Murcia 16 enero 2008 (Tol 7052630)].

2.º **Condiciones del reconocimiento y de la ejecución de las resoluciones**. Son las siguientes: a) Se controla la competencia del tribunal de origen (arts. 7 y 8) [Sent. OGH 13 febrero 2007 (denegación de exequátur de sentencia dictada en Hungría)]; b) La resolución debe ser firme, no susceptible de recurso ordinario en el Estado de origen, salvo que se trate de resoluciones ejecutorias provisionales y las medidas provisiona- les; c) puede denegarse el reconocimiento o exequátur (art. 5) si éstos resultan manifiestamente incompatibles con el orden público del Estado requerido, si la resolución resultase de un fraude en el procedimiento, si está pendiente un litigio entre las mismas partes y que tenga el mismo objeto ante una autoridad del Estado requerido, primera en conocer en dichos litigios, si la resolución es incompatible con una resolución dicta- da entre las mismas partes y sobre el mismo objeto, bien en el Estado requerido o bien en otro Estado cuando, en este último caso, tal resolución sea susceptible de reconocimiento y ejecución en el Estado requerido [Sent. Frostating Lagmannsrett (Noruega) 4 mayo 2007 (denegación del reconocimiento en Noruega de una sentencia alemana de alimentos)) y si no se han respetado los derechos de defensa (art. 6) (Sent. Corte Cass. Italia 18 mayo 2006 (efectos en Italia de sentencia polaca sobre alimentos)].

3.° **Procedimiento de reconocimiento y de ejecución de las resoluciones.** Se rige por la Ley del Estado requerido, a menos que el Convenio disponga lo contrario (art. 13). Cabe el reconocimiento o la ejecución parcial de una resolución. Los documentos a presentar son los relacionados en el art. 17.

A) Resoluciones dictadas por un Estado miembro no vinculado por el Protocolo de La Haya de 2007:

Las resoluciones dictadas en un Estado miembro no vinculado por el Protocolo de La Haya de 2007 serán reconocidas en los demás Estados miembros sin que sea necesario recurrir a procedimiento alguno (art. 23 del Reglamento 4/2009). No obstante, en casos de duda, cualquier parte interesada que invoque el reconocimiento de una resolución a título principal podrá solicitar que se reconozca la resolución con carácter erga omnes (reconocimiento por homologación). Si el reconocimiento se invoca como cuestión incidental ante un órgano jurisdiccional de un Estado miembro, dicho órgano jurisdiccional será competente para conocer del asunto.

Por su parte, se denegará imperativamente el reconocimiento de una resolución en los siguientes supuestos:

a) Si el reconocimiento es manifiestamente contrario al orden público del Estado miembro en el que se solicita el mismo. El criterio del orden público no podrá aplicarse a las reglas relativas a la competencia judicial.

b) Por lo que respecta a las resoluciones dictadas en ausencia del demandado, si el escrito de interposición de la demanda o documento equivalente no se notificó al de- mandado con antelación suficiente y de manera tal que pudiera organizar su defensa, a menos que el demandado, habiendo podido recurrir la resolución, hubiera optado por no hacerlo;

c) Si la resolución es incompatible con otra dictada en el Estado miembro en el que se solicita el reconocimiento;

d) Si la resolución fuere inconciliable con una resolución dictada con anterioridad en otro Estado miembro o en un Estado tercero entre las mismas partes en un litigio que tuviere el mismo objeto y la misma causa, cuando esta última resolución reuniere las condiciones necesarias para su reconocimiento en el Estado miembro en el que se solicita el mismo. Una decisión que tenga por efecto modificar, debido a un cambio de circunstancias, una decisión anterior relativa a alimentos no se considerará como una decisión incompatible según lo establecido en el art. 24 letras c y del Reglamento 4/2009).

Para su ejecución material, estas resoluciones precisan la obtención de un exequátur en el Estado requerido, que se solicitará, en todo caso, por cualquier parte interesada (art. 26 del Reglamento 4/2009).

Una vez obtenido, en su caso, el exequátur, la resolución extranjera se ejecutará en los mismos términos que se ejecutan las resoluciones nacionales en el Estado requerido (art. 41.1 del Reglamento 4/2009).

El Capítulo VI del Reglamento 4/2009 establece que las transacciones judiciales y los documentos públicos que tengan fuerza ejecutiva en el Estado miembro de origen serán reconocidos en los demás Estados miembros y tendrán en ellos la misma fuerza ejecutiva que las resoluciones, de conformidad con el Capítulo IV del Reglamento 4/2009.

e) Finalmente, es de reseñar que, en el ámbito del reconocimiento y ejecución de decisiones extranjeras, el Reglamento 4/2009 reemplaza en las relaciones entre los Estados miembros a los convenios internacionales en vigor que, no obstante, mantienen su vigencia y resultarán de aplicación frente a terceros Estados.

La eficacia extraterritorial de las resoluciones en materia de alimentos constituye la piedra angular del sistema de protección del acreedor en el espacio judicial europeo. El Reglamento 4/2009 establece un doble mecanismo de reconocimiento y ejecución, cuya aplicación depende de si el Estado miembro de origen está o no vinculado por el Protocolo de La Haya de 2007. Para las resoluciones dictadas por autoridades de **Estados miembros vinculados por el Protoco-**

lo, el artículo 17 del Reglamento consagra un sistema de **ejecución directa y simplificada**. Estas resoluciones gozan de fuerza ejecutiva en los demás Estados miembros sin necesidad de ninguna declaración de fuerza ejecutiva (*exequátur*).

En la práctica, esto significa que el acreedor puede presentar la resolución directamente ante la autoridad de ejecución competente del Estado requerido, acompañada de un extracto normalizado conforme al Anexo I del Reglamento, que certifica su ejecutividad en origen. La documentación necesaria es mínima y el procedimiento busca la máxima celeridad, equiparando la resolución extranjera a una nacional. Investigaciones sobre la materia confirman que este sistema de reconocimiento automático opera con éxito en la inmensa mayoría de los casos, superando el 95% de las solicitudes entre Estados vinculados[24]. La supresión del *exequátur* representa uno de los mayores avances en la cooperación judicial civil, materializando el principio de confianza mutua.

B) En cambio, cuando la resolución procede de un Estado miembro no vinculado por el Protocolo de La

---

[24] *Vid.* Gamarra Martín, D., *Régimen interno de reconocimiento y ejecución de resoluciones judiciales extranjeras en materia de crisis matrimoniales*, Trabajo Fin de Máster, Universidad de Valladolid, 2024.

Haya de 2007 (actualmente, Dinamarca), el Reglamento prevé un procedimiento diferente, regulado en los artículos 23 y siguientes. Aunque el reconocimiento sigue siendo de pleno derecho, la ejecución material de la resolución sí requiere un paso previo: la obtención de una **declaración de fuerza ejecutiva** en el Estado miembro requerido. Este procedimiento, aunque más formal que el anterior, sigue siendo simplificado en comparación con los regímenes de *exequátur* tradicionales. La solicitud debe presentarse ante el tribunal competente del Estado requerido, acompañada de la documentación pertinente, como la copia auténtica de la resolución y el extracto del Anexo II.

El procedimiento en primera instancia es de carácter no contradictorio, basado en un control meramente documental, y solo en fase de recurso se abre la posibilidad de un debate contradictorio. El contraste entre ambos sistemas pone de manifiesto la intención del legislador europeo de incentivar la adopción de los instrumentos internacionales más avanzados, ofreciendo un régimen más favorable a aquellos Estados que participan plenamente en el sistema unificado. La eficacia de estos mecanismos de ejecución simplificada ha sido analizada incluso en comparación con otros procedimientos transfronterizos, como el proceso europeo de escasa cuantía, evidenciando una tendencia generalizada en la Unión hacia la eliminación de obstáculos procesales en la circulación de decisiones judiciales[25].

A pesar de la fluidez del sistema, existen salvaguardas. El artículo 21 del Reglamento establece los **motivos de denegación o suspensión de la ejecución** para las resoluciones que gozan de ejecución directa. Estos motivos son tasados y de interpretación estricta. Incluyen la incompatibilidad de la resolución con otra dictada en el Estado miembro de ejecución o con una resolución anterior de otro Estado que reúna las condiciones para ser reconocida. También se prevé la suspensión si se ha presentado un recurso en el Estado de origen o si se ha solicitado un reexamen por circunstancias excepcionales, como la falta de notificación al demandado.

La jurisprudencia, tanto europea como nacional, ha sido muy cautelosa al aplicar estas causas de denegación, haciéndolo solo en un porcentaje muy reducido de casos y, principalmente, por conflictos irreconciliables entre resoluciones[26]. El orden público, a

---

25 *Vid.* Juárez, I. A., "El proceso europeo de escasa cuantía. Luces y sombras de un proceso clave para la reclamación transfronteriza de pequeñas deudas en la Unión Europea", en *Cuadernos de Derecho Transnacional*, 2023, 15(1), pp. 234-256.

26 *Vid.* Gamarra Martín, D., *Régimen interno de reconocimiento y ejecución de resoluciones judiciales extranjeras en materia de*

diferencia de otros regímenes, no figura como motivo de denegación de la ejecución en este sistema privilegiado, lo que refuerza la confianza mutua. Crónicas jurisprudenciales recientes documentan la aplicación práctica de estos mecanismos, constatando el alto grado de eficacia del sistema y los desafíos que persisten, especialmente en la coordinación con resoluciones de terceros Estados[27].

Precisamente, cuando la resolución sobre alimentos emana de un **tercer Estado**, fuera del ámbito de aplicación del Reglamento 4/2009, su reconocimiento y ejecución en España se rigen por las disposiciones de **LCJIMC**. Este régimen, a diferencia del sistema europeo, exige un procedimiento de *exequátur* formal ante los Juzgados de Primera Instancia. La LCJIMC establece una serie de requisitos para otorgar el reconocimiento, entre los que destacan que la resolución no sea contraria al orden público español, que se hayan respetado los derechos de defensa de las partes, que el tribunal de origen tuviera una competencia basada en una conexión razonable, y

---

crisis matrimoniales, Trabajo Fin de Máster, Universidad de Valladolid, 2024.

27 *Vid.* Terradas, B. A., "Crónica de Derecho Internacional Privado", en *Revista Electrónica de Estudios Internacionales*, 2024, 47, pp. 234-267.

que la resolución no sea inconciliable con una resolución dictada en España o reconocida previamente.

El proceso bajo la LCJIMC es plenamente contradictorio y requiere una labor de verificación más intensa por parte del juez español. La comparativa entre el sistema europeo, basado en la confianza mutua y la supresión de controles, y el sistema autónomo de la LCJIMC, basado en la verificación y el control de requisitos, evidencia los dos modelos de cooperación jurídica que coexisten actualmente y la importancia de identificar correctamente el instrumento aplicable en cada caso concreto.

Caso Práctico 2: Conflicto entre resolución de un tercer Estado y el orden público europeo: el caso del repudio en el reconocimiento y ejecución

Para ilustrar las complejidades que surgen en la interacción con sistemas jurídicos de terceros Estados y la aplicación de los mecanismos de salvaguarda del ordenamiento jurídico europeo, se presenta el siguiente supuesto: Fátima, de nacionalidad marroquí, y Javier, de nacionalidad española, contrajeron matrimonio en Casablanca (Marruecos) en 2012, conforme al rito musulmán y la legislación marroquí. En 2014, establecieron su residencia habitual en Madrid, donde han vivido desde entonces. En marzo de 2024, tras un deterioro de la relación, Javier viaja a Marruecos y, de forma unilateral, insta un procedimiento de divorcio por repudio (*talaq*) ante los tribunales marroquíes, obteniendo una sentencia de divorcio en abril de 2024. A su regreso a España, Javier pretende que dicha sentencia sea reconocida para disolver el vínculo matrimonial a todos los efectos.

Simultáneamente, Fátima, que no fue debidamente notificada del procedimiento en Marruecos y se considera en una situación de grave indefensión y desequilibrio, acude a un abogado en Madrid para interponer una demanda de divorcio en España y solicitar una pensión compensatoria. Este escenario plantea un conflicto directo entre una resolución de un tercer Estado y el ordenamiento jurídico español y europeo, obligando a analizar la competencia de los tribunales españoles, la posible litispendencia internacional y, de forma crucial, los límites al reconocimiento de decisiones extranjeras por vulneración del orden público internacional.

En primer término, es necesario examinar la **competencia de los tribunales españoles** para conocer de la demanda de divorcio que pretende interponer Fátima. Al ser España un Estado miembro y existir un elemento internacional, el Reglamento Bruselas II ter es el instrumento aplicable. Conforme a su artículo 3.1.a, los tribunales españoles son competentes por ser España el Estado de la residencia habitual de los cónyuges al momento en que Fátima se plantea interponer su demanda. A su vez, también serían competentes por ser la última residencia habitual común, continuando ambos residiendo allí. La competencia de la jurisdicción española es, por tanto, clara y robusta.

Ahora bien, Javier podría oponer la existencia de un procedimiento previo en Marruecos (o incluso una resolución ya firme) para invocar la **litispendencia internacional** o la excepción de cosa juzgada. Sin embargo, las normas sobre litispendencia del Reglamento Bruselas II ter (art. 19) operan, en principio, entre tribunales de Estados miembros. La litispendencia con un tercer Estado se rige por el derecho nacional. La Ley de Cooperación Jurídica Internacional en Materia Civil (LCJIMC) española, en su artículo 58, permite la suspensión del procedimiento si existe un litigio pendiente en el extranjero, pero exige, entre otros requisitos, que sea previsible el reconocimiento de la futura resolución extranjera en España. Como se analizará, el reconocimiento del repudio es altamente improbable, por lo que la excepción de litispendencia tendría escasas posibilidades de prosperar.

El nudo gordiano de este caso práctico radica en el **reconocimiento en España de la sentencia de repudio marroquí**. Al ser una resolución de un tercer Estado, su reconocimiento no se rige por el sistema de confianza mutua del Reglamento Bruselas II ter, sino por el procedimiento de *exequátur* establecido en la LCJIMC. El artículo 46 de esta ley establece los motivos por los cuales se denegará el reconocimiento de una resolución judicial extranjera.

El motivo más relevante en este supuesto es el previsto en el apartado 1.a): que la resolución sea "manifiestamente contraria al orden público". El Tribunal Supremo español ha desarrollado una doctrina consolidada y reiterada según la cual el divorcio por repudio, al basarse en la mera voluntad unilateral del varón y producir una grave discriminación por razón de sexo contra la mujer, es manifiestamente contrario a los principios fundamentales del ordenamiento jurídico español, en particular al principio de igualdad consagrado en el artículo 14 de la Constitución Española.

Además, se analizaría si Fátima tuvo la oportunidad real de defenderse. Si se acredita que no fue debidamente emplazada y no pudo ejercer sus derechos procesales, se activaría otro motivo de denegación del reconocimiento: la manifiesta infracción de los derechos de defensa (art. 46.1.b LCJIMC). Por tanto, la solicitud de exequátur de Javier sería, con toda probabilidad, desestimada por el juez español, al considerar que la sentencia marroquí vulnera el núcleo esencial del orden público internacional español.

Ante la denegación del reconocimiento de la sentencia marroquí, el procedimiento de divorcio instado por Fátima en España podría continuar su curso. La ley aplicable a dicho divorcio, determinada por el Reglamento Roma III, sería la ley española, al ser la de la residencia habitual común de los cónyuges (art. 8.a). Esto permitiría a Fátima obtener una sentencia de divorcio en condiciones de igualdad y, de manera crucial, le abriría la puerta a solicitar las medidas económicas derivadas de la ruptura, como la **pensión compensatoria**.

La competencia para conocer de esta pretensión económica, calificada como "alimentos", se derivaría de forma accesoria de la competencia para el divorcio, conforme al artículo 3.c del Reglamento 4/2009. La ley aplicable a dicha pensión, en virtud del Protocolo de La Haya de 2007, sería igualmente la ley española (ley de la residencia habitual de la acreedora, art. 3 PLH 2007), permitiendo al juez valorar el desequilibrio económico generado por la dedicación de Fátima a la familia durante el matrimonio.

Este caso práctico ilustra de forma paradigmática cómo el concepto de orden público internacional actúa como un mecanismo de defensa irrenunciable de los valores fundamentales del foro, impidiendo que resoluciones extranjeras que contravienen principios como la igualdad y el derecho de defensa produzcan efectos en el espacio jurídico europeo. Asimismo, demuestra cómo la aplicación coordinada de los reglamentos europeos ofrece una vía de protección efectiva a la parte más vulnerable en una crisis matrimonial con conexiones extracomunitarias complejas.

ESQUEMA Y HERRAMIENTAS PRÁCTICAS

Para facilitar la aplicación práctica de la compleja normativa expuesta, a continuación, se presentan una serie de esquemas globales que resumen los flujos de decisión y checklists de utilidad para el profesional del derecho que afronta una crisis matrimonial con elementos internacionales.

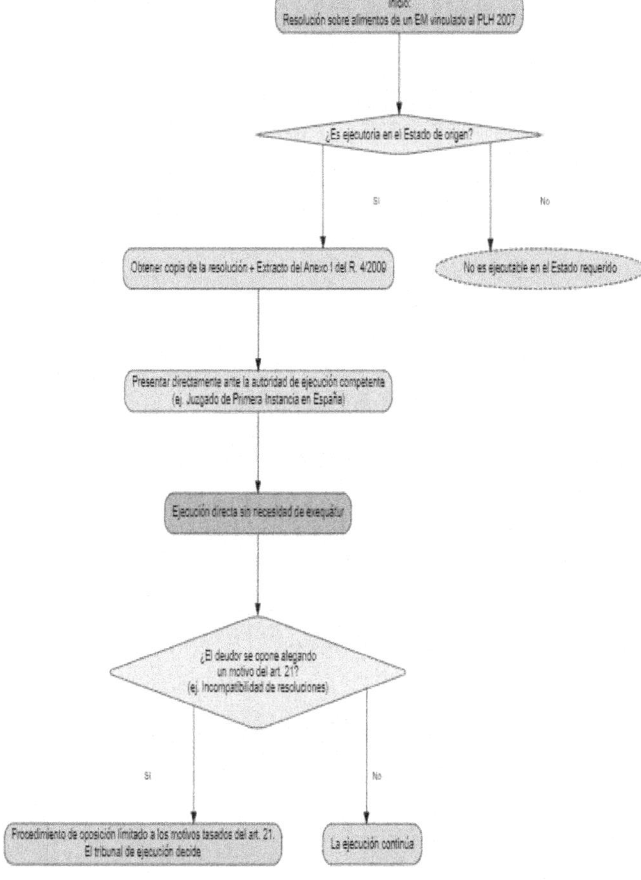

Figura 5. Flujo para Reconocimiento y Ejecución de Resolución de Alimentos de un Estado miembro vinculado por el PLH 2007 (R. 4/2009, art. 17)

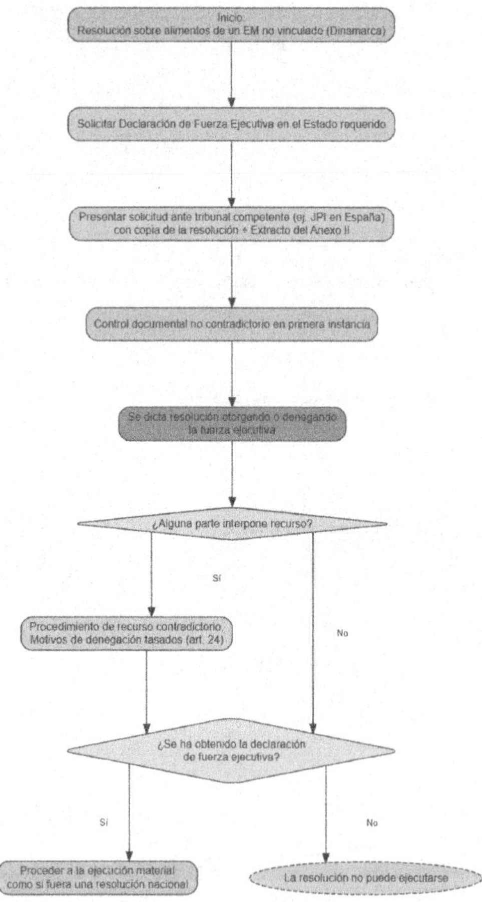

Figura 6. Flujo para Reconocimiento y Ejecución de Resolución de Alimentos de un Estado miembro NO vinculado por el PLH 2007 (R. 4/2009, art. 23 y ss.)

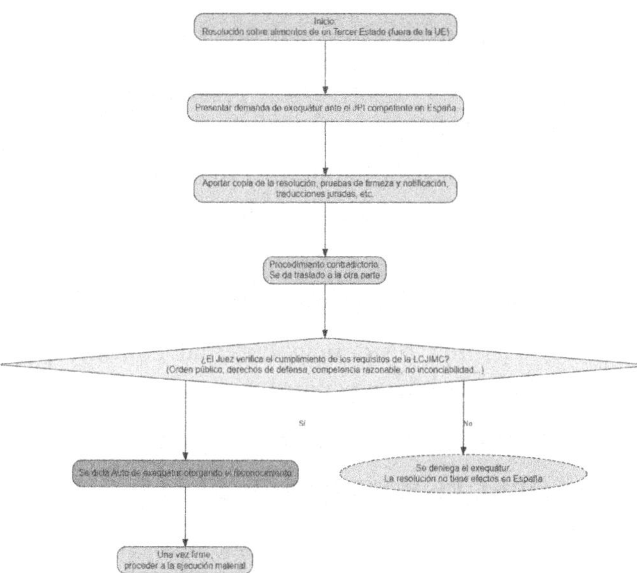

Figura 7. Flujo para Exequátur de Resolución de Alimentos de un Tercer Estado (LCJIMC)

CHECKLISTS PRÁCTICOS

1. ***Checklist de información clave a recabar del cliente (en la primera entrevista):***

- **SOBRE LOS CÓNYUGES:**
    - Nacionalidad(es) actual(es) de cada cónyuge.
    - Nacionalidad(es) en el momento del matrimonio.
    - Residencia habitual actual de cada cónyuge (país, ciudad, desde cuándo).
    - Historial de residencias habituales durante el matrimonio (países, periodos).
    - Última residencia habitual común (país, ciudad, hasta cuándo).
    - Profesión y lugar de trabajo de cada uno.
- **SOBRE EL MATRIMONIO:**
    - Fecha y lugar (ciudad, país) de celebración del matrimonio.
    - Forma de celebración (civil, religiosa).
    - Régimen económico matrimonial pactado o legal.
- **SOBRE LA CRISIS MATRIMONIAL:**
    - ¿Existe acuerdo para el divorcio/separación?

- ¿Existe acuerdo sobre la ley aplicable? (¿Hay algún pacto por escrito?).
- ¿Se ha iniciado ya algún procedimiento judicial en otro país? (¿Dónde, cuándo, por quién?).

- **SOBRE LAS CONSECUENCIAS ECONÓMICAS:**
  - Situación económica y patrimonial de cada cónyuge (ingresos, bienes y su ubicación).
  - ¿Se va a solicitar pensión compensatoria o de alimentos para el cónyuge?
  - ¿Hay hijos menores o dependientes? (Datos de residencia y nacionalidad de los hijos).

2. ***Checklist de documentos generales para procedimientos de familia internacional:***

- Certificado literal de matrimonio (legalizado o apostillado si es extranjero, y traducido si es necesario).
- Certificados literales de nacimiento de los hijos (legalizados/apostillados y traducidos si procede).
- Certificados de empadronamiento histórico para acreditar la residencia habitual.

- Pasaportes o documentos de identidad que acrediten la nacionalidad.
- Capitulaciones matrimoniales o documento que acredite el régimen económico.
- Documentación que acredite la situación económica (declaraciones de impuestos, nóminas, extractos bancarios, títulos de propiedad).
- **Para reconocimiento de resoluciones extranjeras:**
  - Copia auténtica de la resolución judicial extranjera.
  - Certificado que acredite que la resolución es firme y ejecutoria en origen.
  - Prueba de la correcta notificación al demandado si el proceso fue en rebeldía.
  - Extracto del Anexo I o II del Reglamento 4/2009 (si aplica).
  - Traducción jurada de todos los documentos a la lengua del foro.

Bibliografía consultada y recomendada

ADAM MUÑOZ, M. D., BELTRAME DE MOURA, A., Calzado Llamas, A. J., CAMPUZANO DÍAZ, B., CANO BAZAGA, E., CHECA MARTÍNEZ, M., ZAMORA GÓMEZ, C. M., *Derecho de familia internacional en un contexto de creciente migración: cuestiones vinculadas con el reglamento 2019/1111*, Editorial Aranzadi, 2024.

ÁLVAREZ DE TOLEDO QUINTANA, L., "La cuestión previa de la 'existencia de matrimonio' en el proceso de divorcio con elemento extranjero", en *Cuadernos de Derecho Transnacional*, núm. 2, 2013.

ARENAS GARCÍA, R., *Crisis matrimoniales internacionales. Nulidad matrimonial, separación y divorcio en el nuevo Derecho internacional privado español*, Ed. Universidad de Santiago de Compostela, Servicio de Publicaciones e Intercambio científico, 2004.

ÁLVAREZ GONZÁLEZ, S., "Estudios de Derecho de familia y de sucesiones", en *Conflictus Legum*, 2009.

ÁLVAREZ RODRIGUEZ, A., "Matrimonios mixtos simulados: mecanismos de sanción", en *Boletín de los Abogados de Aragón*, núm. 136.

BALLESTEROS, M. H., "Ámbito y condiciones de aplicación en la práctica del foro de competencia judicial internacional contenido en el artículo 10 del Reglamento 2201/2003", en *Cuadernos de derecho transnacional*, Vol. 16, núm. 2, 2024, pp. 932-948.

BARDEL, D., CALLE, I. M., "El foro de necesidad y el acceso internacional a la justicia ante la vulneración de derechos humanos por parte de sujetos económicos privados", en *Cuadernos de Derecho Transnacional,* 2023, 15(2), pp. 567-589.

CALVO CARAVACA, A.L y CARRASCOSA GONZÁLEZ, J. (dirs.), *Compedio de derecho interncional privado,* 6.ª edición, Rapid centro color, S.L., Murcia, 2024.

CALVO CARAVACA, A.L y CARRASCOSA GONZÁLEZ, J., *Tratado de Derecho internacional privado,* 2.ª edición, Tirant lo Blanch, Valencia, 2022.

CALVO CARAVACA, A.L y CARRASCOSA GONZÁLEZ, J., "Matrimonios de complacencia y Derecho internacional privado", en *Derecho de familia ante el siglo XXI: aspectos internacionales,* Colex, Madrid, 2004.

CARRASCOSA GONZÁLEZ, J., "Matrimonios de conveniencia y nacionalidad española", en *Revista Anales de Derecho. Universidad de Murcia,* núm. 20, 2002.

CARRILLO POZO, L. F., "Competencia para la modificación del régimen de visitas y estancias. Comentario a la sentencia del Tribunal de Justicia (sala Novena) de 27 abril 2023, asunto C 372/22", en *Cuadernos de Derecho Transnacional,* 2024, 16(1), pp. 764-774.

CORDERO ÁLVAREZ, C. I., "Efectos patrimoniales de las uniones familiares y cuestiones vinculadas desde una perspectiva del Derecho internacional privado europeo y español: la atribución del uso del domicilio familiar tras la disolución", en *Cuadernos de Derecho Transnacional,* 2025, 17(1), pp. 329-352.

DE VERDA, J. R. y CHAPARRO MATAMOROS, P., "Derecho de Familia", en *Derecho Civil IV,* Tirant lo Blanch, Valencia, 2013.

ESCALONA, N. M., "¿Tienen competencia (internacional e interna) los tribunales españoles para modificar una decisión de alimentos en los supuestos transfronterizos?", en *Cuadernos de Derecho Transnacional*, 2024, 16(1), pp. 345-367.

ESPLUGUES MOTA, C., IGLESIAS BUHIGUES, J.L. y PALAO MORENO, G., *Derecho internacional privado*, 17. ª edición, Tirant lo Blanch, Valencia, 2023.

ESPINIELLA MENÉNDEZ, Á., "El matrimonio igualitario desde las lógicas del Derecho internacional privado", en *Cuadernos de Derecho Transnacional*, Vol. 16, núm. 2, 2024, pp. 617-632.

ESTEBAN DE LA ROSA, G., *Cuaderno de trabajo de Derecho internacional privado*, Colex, A Coruña, 2023.

FERNÁNDEZ ROZAS, J.C. y SÁNCHEZ LORENZO, S., *Derecho Internacional Privado*, Civitas, 9. ª edición, Madrid, 2016.

GAMARRA MARTÍN, D., "Régimen interno de reconocimiento y ejecución de resoluciones judiciales extranjeras en materia de crisis matrimoniales", Trabajo Fin de Máster, Universidad de Valladolid, 2024.

GARCIMARTÍN ALFÉREZ, F.J., *Derecho internacional privado*, 6. ª edición Civitas, Madrid, 2021.

GARCÍA HERRERA, V., "Los matrimonios de conveniencia", en *Revista Actualidad Civil*, núm. 4, 2016.

GARCÍA RODRÍGUEZ, I., "Resolución del Consejo, de 4 de diciembre de 1997, sobre las medidas que deberán adoptarse en materia de lucha contra los matrimonios fraudulentos", en *REDI*, 1998.

GONZÁLEZ BEILFUS, C. y AÑOVEROS TERRADAS, B., *Introducción al Derecho internacional privado*, Atelier, Barcelona, 2023.

GONZÁLEZ, J. C.; RUIZ, E. C., "Divorcio internacional y residencia habitual de los cónyuges. El artículo 3 del Reglamento Bruselas II-ter", en *Cuadernos de derecho transnacional*, Vol. 16, núm. 2, 2024, pp. 257-273.

GRILO COMTE, I., *Ley da Nacionalidade*, 2. ª ed., Petrony editores, s. l. e., 2021.

HERRANZ BALLESTERO, M., "Régimen jurídico de las crisis matrimoniales internacionales y Derecho aplicable: el Reglamento (UE) Nº 1259/2010, del Consejo de 20 de diciembre de 2010 por el que se establece una cooperación reforzada en el ámbito de la ley aplicable al divorcio y a la separación judicial", en *Revista de Derecho de la Unión Europea*, núm. 22, 2012.

JUÁREZ, I. A., "El proceso europeo de escasa cuantía. Luces y sombras de un proceso clave para la reclamación transfronteriza de pequeñas deudas en la Unión Europea", en *Cuadernos de Derecho Transnacional*, 2023, 15(1), pp. 234-256.

IRIARTE ÁNGEL, J. L. (coord.), CASADO ABARQUERO, M. (coord.), MU-

ÑOZ FERNÁNDEZ, A. (coord.), *Derecho internacional privado*, Aranzadi Thomson Reuters, Navarra, 18. ª edición 2021.

LOPEZ-TARRUELLA MARTÍNEZ, A., *Manual de Derecho internacional priva- do*, 4. ª edición, Editorial Club Universitario, Alicante, 2021.

OREJUDO PRIETO DE LOS MOZOS, P., *La celebración y el reconocimiento de la validez del matrimonio en Derecho internacional privado español*, Aranzadi, Navarra, 2002.

ORTEGA GIMÉNEZ, A., "La necesaria regulación de la compensación económica por separación o divorcio entre cónyuges extranjeros en España como desafío jurídico en la actualidad", en *Revista Boliviana de Derecho*, núm. 37, 2024, pp. 420-449.

ORTEGA GIMÉNEZ, Alfonso, *Derecho internacional privado en mapas conceptuales*, Editorial COLEX, A Coruña, 2025.

ORTEGA GIMÉNEZ, Alfonso (Dir.), *Curso práctico interactivo. Derecho internacional privado*, Editorial COLEX, A Coruña, 2024.

ORTEGA GIMÉNEZ, A., *Código Universitario de Derecho Internacional Privado. Tomos I y II*, Boletín Oficial del Estado, Madrid, 2023. (Última modificación: 28 DE JULIO DE 2025)

ORTEGA GIMÉNEZ, A. (Dir.), *Derecho internacional privado. Materiales para su estudio*, SEPIN, Madrid, 2023.

ORTEGA GIMÉNEZ, A., "Los reglamentos europeos en derecho de familia: crisis matrimoniales internacionales", en DE VERDA Y BEAMONTE, José Ramón, *GPS Familia*, Editorial Tirant lo Blanch, Valencia (España), 2023, pp. 1021-1033.

ORTEGA GIMÉNEZ, A., "Derecho a contraer matrimonio y a formar una familia como Derecho humano y el problema de los "matrimonios por conveniencia" en España", *Latin American Journal of European Studies (LACES)*, v.2, N. °1, 2022, pp. 89-119.

ORTEGA GIMÉNEZ, A., "¿Es contrario a derecho que la celebración del matrimonio permita la obtención de la nacionalidad española o la residencia en España? (A propósito de la SAP de Burgos, de 22 de abril de 2022)", en *Diario La Ley*, N. ° 10169, 14 de noviembre de 2022, pp. 1-10.

ORTEGA GIMÉNEZ, A., *Los "matrimonios de conveniencia" en España, Práctica doctrinal, jurisprudencial y registral*, Editorial Thomson Reuters Aranzadi, Cizur Menor (Navarra), enero 2022.

ORTEGA GIMÉNEZ, A., "¿Cómo aprovecharnos de la apariencia matrimonial? A propósito de las sentencias de la Audiencia Provincial de Madrid, de 2 de octubre de 2020;

de Cádiz de 23 de noviembre; y de Barcelona de 27 de noviembre de 2020", en *Revista Aranzadi Doctrinal*, núm. 6, Editorial Aranzadi, S.A.U., Cizur Menor (Navarra), junio 2021, pp. 1-39.

ORTEGA GIMÉNEZ, A., "La compensación económica por separación o divorcio entre cónyuges en el Derecho internacional privado español", Capítulo 16, en DE VERDA Y BEAMONTE, José Ramón (Dir.), CHAPA- RRO MATAMOROS, Pedro y BUENO BIOT, Álvaro (Coords.), *La compensación por desequilibrio en la separación y divorcio. Tratado práctico interdisciplinar*, Editorial Tirant lo Blanch, Valencia (España), 2021, pp.533-548.

ORTEGA GIMÉNEZ, A., "Los matrimonios de conveniencia" en España. Comentario a la Sentencia de la Audiencia Provincial de Barcelona, de 16 de julio de 2020", en *Revista La Ley Digital*, núm. 15300/2020, Editorial Wolters Kluwer, Madrid, 2021.

ORTEGA GIMÉNEZ, A., "A vueltas con los "matrimonios de conveniencia" en España, comentario de las Sentencias de la Audiencia Provincial de Barcelona de 19 de noviembre de 2019 y 29 de enero de 2020", en *Diario La Ley*, núm. 9618, Wolters Kluwer, Madrid, 2020.

ORTEGA GIMÉNEZ, A., y CASTELLANOS CABEZUELO, Á. M., "Cómo identificar un "Matrimonio de Conveniencia" en España", en *Barataria, Revista Castellano – Manchega de Ciencias Sociales*, Número 25, Asociación Española de Sociología, Toledo (España), 2019, pp. 179-197.

ORTEGA GIMÉNEZ, A., "Los Matrimonios de Conveniencia en España. Comentario a la Sentencia de la Audiencia Provincial de Murcia de 21 de marzo de 2019", en *Revista de Derecho Migratorio y Extranjería*, Número 52, septiembre – diciembre de 2019, pp. 91- 112.

ORTEGA GIMÉNEZ, A., "¿Los matrimonios de complacencia en España: delito o infracción administrativa) (A propósito de la Sentencia 62/2018 de la Audiencia Provincial de Soria de 25 de junio de 2018)", en *Revista de Derecho de Familia*, Número 85, octubre- diciembre 2019.

ORTEGA GIMÉNEZ, A., *Los matrimonios de conveniencia en España*, Editorial Sepin, Madrid, 2018.

ORTEGA GIMÉNEZ, A., "El Derecho al Matrimonio y a la Familia: el problema de los denominados "Matrimonios de conveniencia" en España", en *Revista Digital Universidad Autónoma de Tabasco, año 4*, núm. 8, Artículo Monográfico, México, 2018.

ORTEGA GIMÉNEZ, A., (Dir.) y otros, *Inmigración y cine*, Colección "Cuadernos de Inmigración y Cine del Observatorio Provincial de la Inmigración de Alicante, 2.2018", Editorial Thomson Reuters Aranzadi, Cizur Menor (Navarra), 2018.

ORTEGA GIMÉNEZ, A., "Competencia judicial internacional y la determinación de la Ley aplicable en casos de crisis matrimoniales internacionales", en *Revista Economist & Jurist*, Número 215, Difusión Jurídica, Barcelona, 17 de noviembre de 2017, pp. 32-43.

ORTEGA GIMÉNEZ, A., "El fenómeno de la inmigración y el problema de los denominados matrimonios de conveniencia en España", en *Cuadernos de Derecho Transnacional (CDT)*, Vol. 9, N. °2, Área de Derecho Internacional Privado de la Universidad Carlos III de Madrid, Madrid (España), octubre 2017, pp. 465-481.

ORTEGA GIMÉNEZ, A., "La pensión compensatoria entre cónyuges en el derecho internacional privado español", en Revista Aranzadi de Unión Europea, n. ° 7, Editorial Aranzadi, S.A.U., Cizur Menor (Navarra), Julio 2017, pp. 55-66.

ORTEGA GIMÉNEZ, A., (Dir.) y HEREDIA SÁNCHEZ, L. (Coord.), *Manual práctico Orientativo de Derecho de la Nacionalidad,* Editorial Thomson Reuters Aranzadi, Cizur Menor (Navarra), 2017.

ORTEGA GIMÉNEZ, A., "El fenómeno de la inmigración y el problema de los denominados matrimonios de conveniencia en España", en *Cuadernos de Derecho Transnacional,* Vol. 9, núm. 2, Área de Derecho Internacional Privado de la Universidad Carlos III de Madrid, Madrid (España), 2017.

ORTEGA GIMÉNEZ, A., "El derecho al matrimonio y a la familia: el problema de los denominados matrimonios de conveniencia", en *Revista Perfiles de las Ciencias Sociales,* Año 4, núm. 8, Universidad Juárez Autónoma de Tabasco, Villahermosa (Tabasco), 2017.

ORTEGA GIMÉNEZ, A., "La pensión compensatoria entre cónyuges en el derecho internacional privado español", en *Revista Aranzadi* Doctrina, núm. 3/2016, Editorial Aranzadi, SA, Cizur Menor (Navarra), marzo 2016, pp. 201-212.

ORTEGA GIMÉNEZ, A., "Los "matrimonios de conveniencia" en España: indicios", en *Barataria. Revista Castellano-Manchega de Ciencias Sociales,* núm. 17, Asociación Castellano-Manchega de Sociología, Toledo (España), 2014.

ORTEGA GIMÉNEZ, A., "Crisis matrimoniales internacionales. Competencia judicial internacional y determinación de la ley aplicable en casos de nulidad matrimonial, separación judicial y divorcio", en *Revista Economist & Jurist,* Número 182, Difusión Jurídica, Barcelona, julio-agosto 2014, pp. 52-61.

ORTEGA GIMÉNEZ, A., "España: el problema de los denominados "matrimonios de conveniencia", en *Revista Boliviana de derecho,* n. ° 17, Bolivia, enero 2014, pp. 74-93.

ORTEGA GIMÉNEZ, A., "Matrimonios de conveniencia: por la nacionalidad española cualquier cosa", en *Revista Economist & Jurist,* núm. 118, Difusión Jurídica, Barcelona, 2008.

ORTEGA GIMÉNEZ, A., y HEREDIA SÁNCHEZ, L. S., "El nuevo estatuto jurídico de los ciudadanos comunitarios en España", *IURIS. Actualidad y Práctica del Derecho,* núm.116, 2007.

ORTEGA GIMÉNEZ, A., "Los matrimonios de conveniencia y el fútbol español", en López Álvarez, Antonio y Ortega Giménez, A. (Coords.), *Cuestiones jurídicas actuales sobre el fútbol español,* Editorial Bosch, Madrid, 2006.

ORTEGA GIMÉNEZ, A., "Notas sobre el Reglamento de Extranjería: Nuevo Reglamento de Extranjería. Estructura, elementos y proceso de normalización", en *IURIS. Actualidad y Práctica del Derecho,* núm. 92, La Ley, Madrid, 2005.

PÉREZ MARTÍN, L. A., "Y el Reglamento de filiación lo hizo: primera propuesta legislativa europea de concreción de los criterios de la residencia habitual en menores", en *Cuadernos de Derecho Transnacional,* Vol. 16, núm. 2, 2024, pp. 1241-1253.

RODRIGUEZ BENOT, Andrés, *Manual de Derecho internacional privado,* 10. ª edición, Tecnos, Madrid, 2023.

RUIZ DE HUIDOBRO DE CARLOS, J. M., *Manual de Derecho Civil. Parte general,* 2. ª edición, Dykinson, Madrid, 2010.

SÁNCHEZ LORENZO, S. "La inconveniente doctrina de la DGRN acerca de los matrimonios de conveniencia", en *Derecho registral internacional. Home- naje a la memoria del Profesor Rafael Arroyo Montero,* Iprolex, Madrid, 2003.

SÁNCHEZ, A., "Los matrimonios simulados". *Los 25 temas más frecuentes en la vida práctica del derecho de familia. Tomo II parte registral y otros temas del procedimiento,* Dykinson, Madrid, 2011.

SÁNCHEZ LORENZO, S. A., "Crónica de Doctrina de la Dirección General de Seguridad Jurídica y Fe Pública 2023", en *Anuario Español de Derecho Internacional Privado*, 2024.

SÁNCHEZ PIQUERAS, M. F., *Procedimientos internacionales sobre menores en Derecho Internacional Privado Español. Aspectos prácticos controvertidos*, Trabajo Fin de Grado, Universidad Miguel Hernández, 2024.

SÁNCHEZ-MORALEDA, A. M., Fernández de Villavicencio, M. C., *Determinación del régimen jurídico de la economía conyugal en los ámbitos europeo e intraestatal español*, Editorial Reus, 2018.

SERRANO GÓMEZ, E., "La celebración del matrimonio". *Grandes Tratados. Tratado de Derecho de Familia (volumen I)*. Aranzadi, Pamplona, 2015.

TERRADAS, B. A., "Crónica de Derecho Internacional Privado", en *Revista Electrónica de Estudios Internacionales*, 2024, 47, pp. 234-267.

VALLES, E., *Nacionalidade e Estrangeiros*, 3. ª ed., Almedina, Coimbra, 2022.